Ирине
от Марины (из России)
на добрую память

Счастливого
паломничества
и помощи Божией
в пути!

D1726461

Владимир
Черкасов-Георгиевский

РУССКИЙ ХРАМ

НА ЧУЖБИНЕ

МОСКВА

Паломникъ
2003 по Р. Х.

Владимир Черкасов-Георгиевский
РУССКИЙ ХРАМ НА ЧУЖБИНЕ

Под общей редакцией
Евгения Лукьянова

Рецензент
кандидат исторических наук
Михаил Талалай

Издается при содействии
Владимира Николаевича Котляревского
и Ее Сиятельства графини Марии Николаевны Апраксиной

Эта богато иллюстрированная цветными и черно-белыми фотографиями книга представляет собой как бы летопись русских православных храмов по всему миру с выделением самых выдающихся. Ее главы посвящены нашим церквам в Италии, Чехии, Германии, Франции, Бельгии, Англии, Израиле, США, Тунисе и Китае: к храмам, воздвигнутым в Европе и Азии русскими Царями, после революции добавились церкви и монастыри, построенные на всех континентах оказавшимися в изгнании верными чадами земли Российской, — включая Храм-Памятник святому Царю-Мученику Николаю Второму.

Московский православный писатель В. Г. Черкасов-Георгиевский в жанре художественно-документальных литературных очерков рассказывает о наиболее ярких событиях, связанных с этими храмами и историей нашей Родины.

В оформлении обложки
использованы французские открытки 1930-х годов:

Русская церковь на улице Дарю в Париже —
храм Святого Александра Невского;
Русское кладбище в Сент-Женевьев-де-Буа;
Гробница Святой Женевьевы (Геновефы) —
небесной покровительницы Парижа

ISBN 5-87468-198-1

Для меня дорого рассказать о наших храмах далеко от России, потому что в издательстве «Русич» вышли мои документальные книги «Генерал Деникин» и «Вожди Белых армий» (М. В. Алексеев, А. В. Колчак, Н. Н. Юденич, Е. К. Миллер, П. Н. Врангель, А. П. Кутепов, М. Г. Дроздовский, А. Г. Шкуро, К. К. Мамонтов, Г. М. Семенов, Р. Ф. Унгерн). Их героев — израненных белых воинов русской Гражданской войны — те церковные стены приняли и покрыли омофором душевного покоя.

Изучению этих церквей в течение десятилетий отдал свои силы инженер Русского Зарубежья С. Н. Забелин, живущий ныне в США, в Сан-Франциско. Родственник знаменитого русского историка и археолога, почетного члена Императорской Академии Наук И. Е. Забелина (1820–1909) Святослав Николаевич родился в 1923 году в Югославии в семье белого офицера.

Интересно, что будучи сыном офицера знаменитого в сражениях Великой и Гражданской войн 1-го Гусарского Сумского полка, он стал последним Сумским гусаром. Отец записал младенца Святослава, как это было принято у элитарных военных в императорской России, последним в Книгу родного полка, посвященную его 300-летнему юбилею. Позже юношей Забелин-младший учился военному исскуству в Юнкерской роте РОВС в Белграде.

Во время Второй мировой войны семья С. Н. Забелина оказалась в Германии в лагере для перемещенных лиц, откуда переехала в США. Там Святослав Николаевич стал инженером-архитектором, проектировщиком гражданских зданий. С 1970 года Забелин с женой и сыновьями приезжает в Россию, где изучение им церковных храмов стало основой для его цикла лекций «Православные церкви в России». Сбор же и исследование материалов на эту тему в Европе послужили другому Забелинскому лекционному циклу: «Православные русские церкви в Европе», — откуда автор этой книги использовал сведения, а также получил от С. Н. Забелина слайды для иллюстраций, за что выражает Святославу Николаевичу глубокую признательность.

*Храм в честь Рождества Христова
и во имя Святителя Николая Чудотворца во Флоренции*

«ШКАТУЛКИ» ТРЕТЬЕГО РИМА

В центре славного итальянского города Флоренция рядом с набережной под вековыми деревьями, так же в сени зеленых крон высится в два этажа великолепнейший русский православный **храм в честь Рождества Христова и во имя Святителя Николая Чудотворца.** Его контуры белоснежны, а с куполов в чешуе разноцветной майолики светят золотом кресты над полумесяцами. Купола, пилястры, стены обильно изукрашены керамикой, в кокошниках мозаикой выложены изображения серафимов, на южной и северной сторонах — образы первоверховных апостолов Петра и Павла.

Ворота и ограда этой церкви узорны кованым железом, а станете подниматься по ступенькам к ее арочному входу, подивитесь красоте мозаично изображенной иконы «Богоматерь Знамение» в обрамлении лилий. Врата главного входа в храм отделаны художественной резьбой по ореховому дереву, дверные рельефы изображают 22 события Священной истории — от сотворения мира до вавилонского пленения...

Таков один из чудесных русских храмов на чужбине. Они словно драгоценными шкатулками самоцветно рассыпаны по всему миру — златоглавая каменная летопись нашего Отечества, по полному праву прозывавшегося Святой Русью.

Началась их история с «походных» храмов, которые со священником и даже с хором певчих снаряжались в посольские экспедиции в допетровскую эпоху, когда Россия не имела постоянных представительств за границей. А первые зарубежные «домовые» храмы появились в середине XVIII века с возникновением постоянной русской дипломатической службы. Дипломатам, сотрудникам, их семьям выделяли церковное помещение при посольствах, располагающихся в основном в Европе.

Мозаичная икона Божией Матери «Знамение»
над входом в храм Рождества Христова

С закладкой и ростом железнодорожной сети в Европе во второй половине XIX века здесь возросла армия русских путешественников, деловых визитеров и отдыхающих на курортах; также увеличили приток сюда династические связи Дома Романовых с королевствами, княжествами, герцогствами. Российские посольские домовые храмы перестали вмещать на богослужениях всех желающих православных. Постройка своих церквей была необходима не только для полноценного справления треб, но и для отпевания умерших, число которых росло из больных и пожилых, прибывающих полечиться, например, «на водах».

Русские храмы, высящиеся по миру, можно разделить на три группы. Прежде всего, это церкви, построенные до 1917 года нашими Царями, иными членами правящей династии, аристократией, за счет вкладов деньгами или утварью других людей, имена которых знала вся Россия. Это самые прекрасные «шкатулки» из материалов «на века» выдающихся архитекторов того времени, расписанные и украшенные такого же класса иконописцами и художниками Отечества. Священный Синод Русской Православной Церкви бдительно наблюдал, чтобы каждый заграничный храм был лучшим образчиком церковного зодчества, без синодального одобрения ни одна их стройка не затевалась.

Поэтому же мне интересно показать и вторую группу наших церквей за рубежом, созданных соотечественниками в период до Второй мировой войны. А третья часть русских храмов за границей воздвигалась уже после нее, и не прекращается эта церковная Божья стройка поныне.

Я начал с русских «шкатулок» на земле Италийской, потому что здесь когда-то в сердце Римской Империи продолжило свое рождение христианство, и флорентийский православный храм связан с этим как бы Рождественски. Кроме того, именно во Флоренции из-за унии Флорентийского Собора словно бы родилась идея «Москвы — Третьего Рима», и это символично в пенатах Первого Рима.

Посвящение православного храма во Флоренции Рождеству Христову связано с его непосредственной преемственностью от первой русской «походной» церкви, появившейся во Флоренции в конце XVIII века, а главное — тоже с «походным» храмом в честь Рождества Христова — Государя Императора Александра Первого.

В 1814 году во Флоренцию, в Центральную Италию, передали эту церковь, сопровождавшую Государя Александра I в его передвижениях во время наполеоновских войн. Также посвящение «походного» Императорского храма Рождеству Христову, под тенетами которого «бивуачно» служил царский священник, скорее всего, связалось с тем, что Россия именно в Рождество праздновала изгнание из страны «двенадцати языков» многоплеменного воинства Наполеона — как считалось, одного из предтеч антихриста.

Старший сын Императора Павла Первого Государь Александр, не случайно позже прозванный Благословенным, 24-летним вступил на престол в 1801 году после убийства заговорщиками его отца, который, по словам Н. М. Карамзина, «пронесся грозным метеором» над Россией. Александр

Павлович после принятия короны, в отличие от батюшки, раздавшего в день его коронации 82 тысячи крепостных душ, сказал одному из сановных ожидателей таких же даров:

— Большая часть крестьян в России рабы, считаю лишним распространяться об уничтожении человечества и о несчастии подобного состояния. Я дал обет не увеличивать числа их и поэтому взял за правило не раздавать крестьян в собственность.

В одном из указов, сопровождавших его коронацию, Государь уничтожил применение в России пыток, а президенту Академии Наук, отвечавшему за единственную тогда в Империи газету «Санкт-Петербургские Ведомости» приказал «дабы объявления о продаже людей без земли ни от кого для напечатания в "Санкт-Петербургских Ведомостях" принимаемы не были».

В 1802 году Государь Александр I учредил вместо коллегий министерства, уделив в них особое внимание ведомству народного просвещения. В 1803 году вышел указ Его Величества о «свободных хлебопашцах», предвосхищая Манифест об освобождении крестьян от крепостной зависимости в 1861 году Государя Александра II Освободителя. Нам же по обзору событий, связанных с современной флорентийской русской церковью Рождества Христова, более важна внешняя политика Государя Александра Первого, приведшая Российскую империю к блестящей победе над Наполеоном.

Государь с юных лет был, так сказать, «антифранцузски» настроен впечатлениями от гатчинской жизни и отцовскими симпатиями. Император Павел Первый являлся приверженцем мировоззрения прусского короля Фридриха II и, живя с семьей в Гатчинском имении под Петербургом, еще до воцарения имел в нем свой двор и небольшую армию, тренируемую на немецкий манер. Так что разрыв Государя Александра Первого с Францией только подтолкнули принятие Бонапартом в 1802 году пожизненного консульства, а в мае 1804 года — титула Императора Наполеона.

Прекрасный дипломат Александр Павлович немедленно в 1804 году принял деятельное участие в коалиции против наполеоновской Франции, куда вместе с Россией вошли

Швеция, Англия, Австрия и позже Пруссия. В ноябре 1805 года русско-австрийская армия из 71 тысячи русских и 15 тысяч австрийцев под командой генерала М. И. Кутузова встала у моравской деревни Аустерлиц против 73 тысяч французского войска. Государь Александр живейше участвовал в подготовке этого сражения, с тех пор и была неразлучно с ним «походная» церковь — «родственница» флорентийской, о каковой рассказываем.

Наполеон, демонстрируя превосходство новой военной системы Франции, разбил союзников, потерявших 27 тысяч солдат, 21 тысяча из которых были русскими. Тем не менее Государь Александр I не захотел вместе с Австрией вести мирные переговоры с Францией и сближаться с Наполеоном.

Когда в 1806 году Бонапарт, как продолжали называть французского «выскочку» в лучших русских домах, захватил Берлин, российский монарх объявил ему войну в защиту прусского короля. Но последующие боевые действия держав снова показали воинское счастье Наполеона. Император Александр заключил с ним в 1807 году Тильзитский мир, по которому признавал все политические изменения своего «партнера» в Европе, обязывался в дальнейшем воевать с тем заодно.

Выглядело это провалом русского Царя, но самый знаменитый биограф династии Романовых Н. К. Шильдер объясняет по-другому:

«В действительности в Тильзите произошло явление, совершенно обратное, не оцененное должным образом ни современниками, ни потомством; здесь, напротив того, Император Александр сознательно разыграл задуманную им политическую комедию с таким неподражаемым искусством, с такой видимою искренностью, что он ввел даже в заблуждение такого знатока человеческих слабостей, каким был, несомненно, Наполеон».

Подтверждением сказанному служит и письмо Александра его матушке Императрице Марии Федоровне, ужаснувшейся видимости дружбы между ее сыном и Бонапартом, провозглашенным русским Священным Синодом «антихристом».

В этом послании, отправленным Царем в самый разгар тильзитских переговоров, отмечено:

«К счастью, Бонапарт, при всем гении, имеет слабую сторону: тщеславие (vanite) и я решился принести в жертву личное самолюбие, чтобы спасти Империю».

В результате Тильзитского мира Россия, ничего не теряя, получила Белостокскую область с двумястами тысячами жителей. Однако произошел разрыв с Англией и началась война с Швецией. Государь Александр успешно воевал в то время и с Турцией, и с Ираном. В царствование Его Величества в 1801 году к Империи была присоединена Грузия, в 1809 — Финляндия, в 1812 году вольется в состав России Бессарабия, а в 1813 — Азербайджан.

В 1810 году взаимоотношения России и Франции снова стали враждебными из-за присоединения Наполеоном Ганзеатических городов, Лауенберга и всего побережья Немецкого моря, нарушавшего Тильзитский договор. В начавшейся в 1812 году войне с наполеоновской Францией, в России — Отечественной, Государь Александр I не только победил Наполеона, а стал и освободителем Европы, вступив в марте 1814 года в Париж во главе союзных армий. Тогда и перешла во Флоренцию из Турина его «припахшая» порохом «походная» церковь, ставшая «прародительницей» нынешнего русского храма.

Вскоре после этого духовная жизнь Государя Александра, основавшего Священный союз европейских монархов для борьбы с тогдашними «революционными» бесами, резко меняется. Один из царских биографов указывает:

«Ранее мало интересовавшийся Библией и не знавший ее, Александр не расставался с нею и не скрывал своего нового настроения. Будучи убежден, что и для народов и для Царей слава и спасение только в Боге, и на себя он смотрел лишь как на орудие Промысла, карающего им злобу Наполеона. Глубокое смирение было естественным последствием этих взглядов... Он уклонялся от дел... его двор обратился в монастырь».

Поэтому внезапная смерть, постигшая 48-летнего Государя в Таганроге в 1825 году, и похороны тела, «сходного» с обликом Александра, не убедили многих верующих людей. Родилось предание, что на самом деле из Таганрога Император ушел в заволжские леса под именем старца Федора Кузьмича. Это вполне возможно, потому что посещение Государем Валаамского монастыря в августе 1819 года, описанное, например, писателем Борисом Зайцевым, весьма красноречиво характеризует переворот, совершившийся в Александре Благословенном.

Император приплыл на остров Валаам в ночную бурю, из-за которой его там не встретили. Он запретил кланяться себе в ноги и прикладываться к его руке, а сам, благословляясь, целовал руки у монахов и, едва приклонив голову, встал на службу в соборе в два часа ночи. Следующим днем Александр, сидя на табуретке в хижине местного старца Николая, принял у того в угощение грязную репку. Стал зубами обдирать кожуру, отказавшись от ножа для очистки:

— Не надо. Я солдат, и съем ее по-солдатски.

Слепому монаху Симону Император на вопрос: «Кто сидит со мной?» — ответил:

— Путешественник.

Царь поднял и бережно усадил упавшего рядом с ним на долгом богослужении древнего старика пустынножителя Никона...

Борис Зайцев справедливо указывает:

«Политик и дипломат, военачальник, кумир офицеров, чарователь дам, освободитель России... Верить легенде или нет, все пребывание Александра на Валааме есть как бы первый шаг, не всегда удававшийся, но первый опыт новой жизни, вне короны и скипетра... Страннику, каким видим мы его на Валааме, неудивительно продолжить странствие свое. И не напрасно в храме, над его головой, звучал голос престарелого Иннокентия, читавшего вечные слова вечной книги:

"Научитеся от Мене, яко кроток есмь и смирен сердцем, и обрящете покой душам вашим"».

Об этих словах будем помнить и мы, коль припадет помолиться в стенах русской флорентийской церкви «от Александра».

*Внутреннее убранство нижнего храма
во имя Святителя Николая Мир Ликийских Чудотворца*

Освящали во Флоренции храм в честь Рождества Христова в 1903 году торжественнейше: при участии русского духовенства из Рима и Ниццы, в присутствии российского дипломатического корпуса и адмирала Варениуса с моряками крейсера «Ослябя», стоявшего тогда на рейде порта Специя.

Обживаться же начала эта двухэтажная Рождественская церковь со своего нижнего храма во имя Святителя Николая Мир Ликийских Чудотворца, который освятили в 1902 году. Посвящение нижнего храма тоже преемственно, оно было символически перенесено вместе с иконостасом, иконами, клиросами из Никольской домовой церкви Демидовых, являвшихся русскими старожилами Флоренции. Николай Чудотворец был небесным покровителем российского посланника во Флоренции Николая Демидова (1773–1828), которому за общественную деятельность и благотворительность на городской площади имени Демидова же был установлен еще и памятник.

Сын Николая Демидова Анатолий женился на племяннице Наполеона I, будучи князем. Этот титул перешел к его племяннику Павлу Павловичу Демидову (1839–1885) — щедрому жертвователю нижнего флорентийского храма. Главные врата всей церкви из резного ореха тоже перевезены из домовой церкви Демидовых в Сан-Донато. Павел Павлович был известен как модернизатор демидовских уральских заводов, он основал первую фабрику бессемерования стали. А его отец, почетный член Императорской Академии Наук, прославился Демидовскими премиями «за лучшие по разным частям сочинения в России», «на издание увенчанных Академией Наук рукописных творений». «Демидовский» нижний храм — с прекрасными иконами по стенам, изображающими апостолов.

Церковная утонченность русской элиты во Флоренции не случайна, сюда съезжалось избранное общество также из Трубецких, одна из княжон которых являлась женой П. П. Демидова, Бутурлиных, Фермор-Стенбоков, подолгу останавливались на местных виллах художники Брюллов, Кипренский, композитор Чайковский, а писатель Достоевский жил в городских домах.

Устроить же во Флоренции постоянный православный храм задумала дочь Государя Николая Первого Великая княгиня Мария Николаевна, жившая до 1873 года на вилле Демидовых в Кварто. Ее поддержал русский посол в Италии Нелидов, немало усилий для воплощения идеи в жизнь приложил будущий настоятель храма Рождества Христова отец Владимир Левицкий. Их хлопоты были многозначительны, потому что православная церковь здесь призвана напоминать о «битвах» вокруг Флорентийской унии 1439 года, когда папский Рим в очередной раз попытался подмять Православие. Тогда оно выстояло во многом благодаря святителю Марку Эфесскому, изображение которого по этому случаю написано маслом на стене в западной части русской церкви во Флоренции.

Флорентийский Вселенский Собор, созванный папой Евгением IV в противовес Базельскому Собору, проходил в 1438–1439 годах в Ферраре и продолжился в 1439 году во

Флоренции. В нем участвовала многочисленная делегация восточной православной Церкви с такими лицами, как византийский Император Иоанн VIII Палеолог, Константинопольский Патриарх Иосиф II, Митрополит всея Руси Исидор Киевский, по национальности то ли грек, то ли болгарин, который предал во Флоренции русские интересы.

Этот Исидор возник на Руси в пылу княжеских междоусобиц, когда в Константинополе на русскую митрополию не поставили предложенного ее знатью епископа Рязанского и Муромского Иону. В 1437 году Патриарх Иосиф II рукоположил бывшего игумена византийского монастыря Исидора в русские митрополиты, чтобы тот усиленно добивался унии (объединения) католической и православной Церкви во имя общей борьбы Византии и Рима против разгорающегося турецкого нашествия.

Чуя прозападный настрой Исидора, Великий князь Московский Василий Васильевич не хотел того пускать на Флорентийский Собор. Все же разрешил, наказав митрополиту-иностранцу не приносить оттуда ничего нового и чуждого. Тем не менее, на Флорентийском Соборе Митрополит всея Руси Исидор встал за унию, несмотря на отчаянное сопротивление единственного его русского спутника из мирян — тверского посла Фомы.

Бог судил пламенно и достойно отстоять там чистоту Православия Марку Эфесскому, за что он и был позже причислен к лику святых, иконно светит поныне в русской флорентийской церкви. Святой Марк, Митрополит Эфесский и великий исповедник Православия, родился в 1392 году в Константинополе в греческой семье диакона Георгия и дочери врача Марии.

Марк, в мирском отрочестве Мануил, получает образование под руководством знаменитых константинопольских профессоров риторики и философии. Успехи его таковы, что в молодости он имеет звание «ритора», толкуя Священное Писание в патриаршей церкви, а в 24 года удостаивается высокого отличия — «Вотария риторов». Император Мануил II приближает талантливого богослова к себе, но он отвергает придворную карьеру и в 26 лет принимает монашество, как описал Великий ритор Мануил:

«Затем он облекается в монашескую одежду в священной и великой обители Манганской и всецело предается молчанию. Для того же не любил выходить из монастыря и своей келии в нарушение молчания и внимания к себе, что знаемым и даже родным по крови не показывался на глаза. Одним только делом не утомлялся он ни днем, ни ночью — упражнением в писаниях Божественных, откуда обогащал себя обилием разумения, как показывают и письменные труды его».

Святитель Марк Эфесский

В 1437 году после смерти престарелого Митрополита Иоасафа Марк против своей воли поставляется в Митрополита Эфесского, о чем говорит Георгий Схоларий:

«Он принял высокий духовный сан единственно для защиты Церкви своим словом — ей нужна была вся сила его слова, чтобы удержать ее от совращения, в которое уже влекли ее нововводители. Не по мирским соображениям принял он этот сан; это доказали последствия».

24 ноября 1437 года новопоставленный Митрополит Марк отправляется с тогдашним византийским Императором Иоанном VIII во Флоренцию на Вселенский Собор, где пробьет его час.

Главной целью Собора было преодоление догматических разногласий между католической и православной Церквами, чтобы заключить унию на условиях принятия католических догматов при сохранении лишь православных обрядов, признания верховенства Папы Римского. Во Флоренции сшиблись мнения западных и восточных христиан как о верховенстве папы, так и о католических filioque, таинствах, чистилище, каковые православные не признавали. В конце концов противостояние вылилось в блестящие обличительные речи за Православие Марка Эфесского, которого единым фронтом атаковали латиняне.

Сначала был «Доклад латинян о чистилище», потом «Первое слово Марка Эфесского об очистительном огне», затем греки отвечали на доклад латинян, а те — грекам. Основной удар был нанесен католикам в речи: «Мудрейшего и ученейшего Ефесского Кир Марка Евгеника ответ латинянам второй, в котором он также излагает истинное учение Греческой Церкви». Позже святитель отражал град вопросов и закончил «Десятью аргументами Марка Эфесского против существования очистительного огня».

Тем не менее в июле 1439 года византийцы, надеявшиеся получить помощь западно-европейских государств против турецкого натиска, заключили Флорентийскую унию, которая не спасла их от падения Константинополя в 1453 году.

Присоединившийся к ним во Флоренции Митрополит Исидор, вернувшись на Русь, попытался вводить эту унию. За измену Православию его обличил Великий князь Московский и осудил Собор русских епископов. Исидора посадили в тюрьму, но в 1441 году тот бежал из-под стражи в Италию, где стал кардиналом католической церкви.

Как бы то ни было, но Исидор был последним иностранным главой Русской Церкви. Митрополитом Московским русские епископы выбрали, уже без оглядки на Константинопольского патриарха-униата, Иону, прежде отвергнутого Царьградом. Уния византийцев и падение их царства от турок-«басурман» в «агарянский плен» явилось для русских апокалиптическим знамением. По этому поводу Великому князю Московскому и стал позже «идеологически» писать учительный старец Псковского Елеазарова монастыря Филофей:

«Константинопольская Церковь разрушися в попрание... Вся христианская царства снидошася в твое едино: яко два Рима падоша, а третий стоит, а четвертому не быти... Един ты во всей поднебесной христианом Царь».

Таким образом, восторжествовала идея «Москвы — Третьего Рима», истоки коей проявились и благодаря верности Православию святителя Марка Эфесского на Флорентийском Соборе. Об образе этого святителя, запечатленного во флорентийском храме Рождества Христова, известно наставление преподобного Сергия Радонежского.

Пресвитеру Симеону, брошенному на чужбине при возвращении с Флорентийского Собора, явился преподобный Сергий в сонном видении и спросил его:

— Благословился ли ты от последовавшего стопам апостольским Марка, епископа Эфесского?

Симеон ответил:

— Да, я видел сего чудного и крепкого мужа и благословился от него.

Святой Сергий Радонежский проговорил:

— Благословен от Бога человек сей, потому что никто из суетного латинского Собора не преклонил его ни имением, ни ласкательством, ни угрозами мук. Проповедуй же заповеданное тебе от святого Марка учение, куда ни придешь, всем православным, которые содержат предания святых апостол и святых отец семи Соборов, и имеющий истинный разум да не уклонится от сего.

Памятна русским православным Флоренция и десятилетним пребыванием здесь нашего крупнейшего церковного деятеля, преподобного Максима Грека (1475–1556), звавшегося тогда Михаилом Триволисом, родившегося в Греции, захваченной турками.

Тогда этот молодой человек учился во Флоренции и увлеченно слушал обличительные речи вдохновенного проповедника Иеронима Савонаролы, служившего настоятелем католического монастыря Сан-Марко, существующего и

– 17 –

2 Храм на чужбине

поныне. Доминиканского монаха Савонаролу, клеймившего папскую церковь «блудницей, сидящей на семи римских холмах», сожгли на костре, а будущий Максим Грек под впечатлением всего этого отправился на Афон, где принял постриг как православный инок.

Для храма Рождества Христова на собранные средства купили во Флоренции участок земли в 1885 году, а в 1889 году состоялась закладка церкви. После долгих споров ее стиль установили «чисто русским» вместо византийского или романского.

Проект этого храма поручили академику архитектуры, профессору, действительному члену Академии художеств М. Т. Преображенскому (1854–1930). Он был одним из архитекторов, возрождавших традиции древнерусского зодчества, и, помимо флорентийской церкви, наиболее известен своими Александро-Невским собором в Ревеле (Таллинне)

Внутреннее убранство верхнего храма
в честь Рождества Христова

(1894—1905), посольскими церквами в Бухаресте (1905) и Софии (1908), русской церковью в Ницце (1903—1912). Спроектированную Преображенским в храме Рождества Христова колокольню флорентийские власти запретили, как не полагающуюся некатолическим храмам, и пришлось добиваться специального разрешения для ее строительства.

Внутри верхнего храма над дверью написана фреска «Вход Господень в Иерусалим». Иконостас — дар Государя Императора Николая Второго — выполнен из каррарского мрамора по рисункам М. Т. Преображенского. Справа от царских врат находится икона «Спас на Престоле», слева — «Божья Матерь на Престоле». Вверху также расположены небольшие иконы святых Татианы, Марии Магдалины, Ольги и благоверного князя Михаила Тверского, покровителей детей Императорской четы (иконостас создавался до рождения Царевны Анастасии и Цесаревича Алексея) и Великого князя Михаила Александровича, брата Императора. В основании кокошников — вензеля Государя Николая II и Государыни Марии Федоровны с императорской короной.

Большая часть икон написана художниками М. М. Васильевым, Д. И. Кипликом, А. П. Блазновым.

На правой двери иконостаса изображен святой архидиакон Стефан, на левой — святой архидиакон Лаврентий. В резном мраморном киоте у правого клироса находится изображение трех святителей Вселенских: Василия Великого, Иоанна Златоуста, Григория Богослова. В таком же киоте у левого клироса — три святителя Российские: Петр, Алексий, Филипп.

В правом приделе между окон изображено Крещение Господне, под ним в круге изображение оленя с надписью: «Имже образом желает елень на источники водныя, сице желает душа моя к Тебе, Боже». В левом приделе между окон находится распятие, под ним — в круге Агнец Божий с надписью: «Господи Боже, Агнче Божий, Сыне Отечь, вземляй грехи мира, приими молитву нашу».

Литургическая жизнь русского православного храма во Флоренции в честь Рождества Христова и во имя Святителя Николая Чудотворца не прекращалась в течение всего его существования.

Храм во имя Святителя Николая Чудотворца в Бари

НИКОЛАЙ-ГРАД

Благодаря мощам святителя Николая Чудотворца на юге Италии в местной католической церкви городок Бари с XII века прозывается на Руси Бар-градом и становится для русских паломников священным местом после Иерусалима, Афона и Рима. С 1913 года во многом усилиями другого, тоже теперь святого, Николая Второго — Государя Императора Российского — действует в Бар-граде и русский **храм во имя Святителя Николая Чудотворца**.

Николай Чудотворец, Никола Угодник на Руси, в России был и есть самый почитаемый святой. Поэтому иностранцы в их старинных исследованиях даже называли святителя Николая «Русским Богом». Действительно, нет у нас ни одного более или менее крупного города, в котором не существовал бы Никольский храм. Святой Никола считается покровителем путешествующих, ратников, крестьян, купцов, в особенности — отдающих себя во власть морской стихии. Существуют русские иконы Николы Зимнего, Вешнего, Ратного, Путного, Мокрого... Одна из них явилась князю Димитрию Донскому, направлявшемуся на Куликовскую битву, потом на том месте князь основал Николо-Угрешский монастырь. А, например, на иконе Николы Зарайского святитель правой рукой благословляет, левой же держит обороняемый им город Зарайск.

У Николы Можайского в руках меч и Евангелие. Икона та исстари была изображена на башне Кремля, потому и названной Никольской, к ней на Красную площадь в современной Москве мимо универмага ГУМ ведет Никольская улица. Когда Наполеон, засевший в 1812 году в столице, попытался взорвать Кремль, шатер Никольской башни рухнул, но разрушение остановилось точно у края образа Николая Чудотворца.

Баргградская икона Святителя Николая Чудотворца

В Октябрьский переворот 1917 года большевики, штурмуя Кремль с оборонявшимися в нем юнкерами, безжалостно били по кремлевским воротам из пушек прямой наводкой. Они отстрелили в образе святителя на Никольской башне Евангелие, Чудотворец остался с мечом в правой руке. После боев святыню завесили красным полотнищем, как вдруг майским днем 1918 года, в преддверии Николы Вешнего, множество людей на Красной площади увидели: кумачовая завеса лопнула донизу, потом кусками стала отрываться и спала на землю. Снова чудотворно открылась икона «раненого» и «несдающегося» святителя Николая.

Греческое имя Николай — одно из самых распостраненных в России, отмечает оно немало выдающихся личностей и в последних ветвях династии Романовых: Государь Император Николай Первый (1796–1855); Главнокомандующий Дунайской армией в русско-турецкую войну Великий князь Николай Николаевич (Старший) (1831–1891); председатель Русского исторического общества Великий князь Николай Михайлович (1859–1919); Верховный Главнокомандующий Русской Императорской армией в Первую мировую войну Великий князь Николай Николаевич (Младший) (1856–1929).

Святитель Николай Чудотворец, архиепископ Мир Ликийских, является небесным покровителем Государя Императора Царственного Мученика Николая Второго (1868–1918), родившегося 6 мая по старому стилю — как раз накануне 9 мая, когда празднуется память Чудотворца: Николы Вешнего, —

в честь перенесения мощей святителя из Малой Азии в Бари, он же Бар-град, который русским впору переименовать в Николай-град.

Все это не случайно, хотя бы оттого, что вслед за сыном Государя Петра Первого Царевичем Алексеем в Бари побывал Цесаревичем и будущий Государь Николай Второй, распорядившийся перемостить на свои кабинетные средства мрамором нижний храм Святителя Николая, под главным престолом которого находится гробница с честными мощами Чудотворца. А создание русского храма в Бар-граде началось с письма Великой княгини, теперь преподобномученицы, Елизаветы Федоровны в 1911 году, в котором она Государю Николаю Александровичу писала:

«Дорогой Ники!
Посылаю Тебе мой доклад по важному вопросу — строительству в Бари русской церкви и странноприимного дома. Я, конечно, уверена в том, что единственный человек, которого Святитель Николай хотел бы видеть во главе этого благочестивого начинания, предпринятого в Его честь и из любви к своему народу, и который почитает Его превыше всех святых — это Ты, наш Государь, сподобившийся величайшего утешения — принять во Святом Крещении имя "Николай" в честь Святителя Николая. Если Ты сочтешь это разумным, то напиши на докладе свою резолюцию, что Ты желаешь быть во главе комитета...»

Кто же такой святитель Николай Чудотворец — истинный основатель Николай-града, духовно раскинувшегося от древней Малой Азии до земли Итилийской и России с ее исконным «Русским Богом» Николаем Угодником?

Родился будущий святитель Николай около 280 года в древней Ликии, расположенной на полуострове Малой Азии, в городе Патары — место в нынешней Турции на побережье невдалеке от города Анталья. Крупный порт Патары памятен христианам тем, что в нем садился на корабль святой апостол Павел, направляясь с Родоса в Финикию, о чем упоминается в Новом Завете (Деян. 21, 1).

Родители Николая Феофан и Нонна были благородного рода, весьма зажиточны и благочестивы, но Бог долго не давал им детей. Их молитвы были услышаны, когда эта стареющая чета принесла обет посвятить сына служению Господу. Данное младенцу при крещении имя Николай — «Побеждающий народ», — указывало, что ему в своей жизни много придется преодолеть злобы людской.

Предназначение малыша проявилось сразу же, когда мальчик сам, без поддержки смог простоять в крещенской купели при совершении таинства в течение трех часов. Другое предание говорит: грудной Николай принимал молоко только из правой груди матери, а в постные среду и пятницу не проявлял аппетита. Есть также предание, что когда стали приискивать родители учителя только начавшему говорить Николаю, тот по складам произнес имя педагога, который должен научить его грамоте.

Отроком и юношей Николай отличался прилежанием как в науках, так и в благочестии. Строгий подвижник, он избегал общества женщин, а при случайных встречах и разговорах старался не глядеть им в лицо. Почти все время он проводил в чтении Священного Писания, посте и молитве. Николаю настолько удалось преодолеть греховную страстность, что этот юноша казался старцем, отрешившимся от всего земного. Он ревностно показал себя в званиях чтеца и диакона.

Молодого человека высоко отмечал его дядя, тоже Николай, бывший епископом в Патарах, и посвятил племянника в пресвитера. Новому священнику Бог судил выразить себя во всей своей духовной высоте, когда епископ Патарский отбыл в Палестину на поклон святым местам, и пресвитеру Николаю пришлось замещать дядю в епископском правлении. Кроме того, в это время родители будущего святителя скончались и оставили ему большое наследство.

Вот тогда-то и произошла знаменитая история, с которой поныне всемирно святитель Николай почитается таинственным новогодним дарителем, например Санта-Клаусом (Николаусом), а в России — так и был Николаем Угодником, одаривавшим на Рождество, Новый год. Однако в СССР, увы, превратился Николай Чудотворец в безлично-атеистического Деда Мороза, да еще с некоей Снегурочкой, «заимствованной» из языческого сказания о «берендеях».

Жил тогда в Патарах человек, имевший троих дочек-красавиц. Когда-то богач, он впал в нищету до того, что перестало семейству хватать даже на хлеб, а уж замуж выдать дочерей в их убогих рубищах и мечтать не мог. В отчаянии решился бедняк сделать их проститутками. Узнавший об этом святой Николай хотел ему помочь, но понимал, что из-за былого могущества этот не растерявший гордыни человек не примет милостыни. Помнил Угодник и заповедь: «Не творите милостыни вашей пред людьми с тем, чтобы они видели вас».

Однажды ночью святой Николай отсыпал золотых монет из родительского наследства в узел и прокрался к домишке незадачливого отца троих красавиц. Отворил там окно и бросил сокровище. Утром, наткнувшись на узел, долго не могла опомниться от счастья эта семья, сразу же выдали замуж старшую дочь.

После свадьбы святой Николай снова собрал золото в узел, опять пробрался к домишке, швырнул его туда через окно, быстро скрылся. Вторую дочь отдал замуж отец. Человек этот сделал огромный духовный скачок, он неустанно молился, благодарил Бога за неведомого благодетеля, но и мечтал узнать, кто же благодетель. В третий раз, когда святой Николай бросал приданое третьей его дочке, хозяин выскочил наружу и пал к ногам Николая Угодника. Святой поднял того с земли и взял клятву, чтобы он никому не говорил о его благодеяниях.

Когда епископ Патарский вернулся из паломничества, в Палестину отплыл пресвитер Николай. Из-за последующих плаваний Николай Угодник, проявивший себя в них прозорливцем и морским чудотворителем, стал покровителем моряков. Около Египта он предрек на корабле надвигающуюся бурю, которая внезапно разразилась и стала бросать судно щепкой. По молитвам праведника море так же неожиданно стихло. После этого Угодник сумел своими молитвами возвратить к жизни матроса, разбившегося о палубу после падения с мачты.

Пробыв на Святой Земле, пресвитер Николай договорился с некими корабельщиками о возвращении в Ликию. Но те решили обмануть его, завезти в другую, нужную им сторону. Когда святой Николай на борту судна увидел, что оно идет не по его маршруту, стал просить капитана повернуть. Ему отказали. Начал молиться Угодник, пока не поднялся сильнейший ветер. Ураган повернул корабль и погнал к берегам Ликии. Команда была не в состоянии справиться со своим парусником и вместе со святым оказалась в Патарах, где пресвитер Николай, по своему обыкновению, простил ее.

После этого святой Николай удалился в монастырь. Однажды на молитве он услышал голос:

— Николай! Эта обитель не та нива, на которой можешь ты принести ожидаемый Мною от тебя плод. Уйди отсюда и поди в мире к людям, чтобы прославить в тебе имя Мое.

Тем не менее из-за скромности святой Николай решил снова оказаться среди людей не в Патарах, где его все знали, а совершенно неизвестным человеком в еще большем городе, в котором легче затеряться, — в Мирах, столице Ликии. Там он стал жить как нищий, но неуклонно посещал все церковные службы.

В Мирах накануне смерти архиепископа Ликии Иоанна было Угоднику ночью видение. Господь Иисус Христос в великом блеске стоял перед ним и подал Евангелие, оправленное в золото и жемчуг. С другой стороны Пресвятая Богородица возложила на плечи пресвитера Николая святительский омофор.

Умер архиепископ Ликийский Иосиф и собрались в Миры для избрания нового церковного главы епископы Ликийской страны. Однако они не смогли придти к общему согласию ни по одной кандидатуре. Решили обратиться к Богу, чтобы указал Его изволение. Во время горячей молитвы старейшему епископу явился муж, сияющий светом, и приказал ему в эту ночь стать в притворе храма, чтобы заметить, кто первым придет на утреннее богослужение, — это и есть будущий глава Мирской архиепископии по имени Николай.

Старец-епископ сообщил о том другим архиереям и пошел в храм. Святой Николай всегда становился на молитву дома еще с полуночи и потому первым появился в церкви на утреню. В притворе молитвенника остановил седовласый епископ и спросил, как его звать. Угодник онемел от внимания к себе такого лица и молчал на все вопросы. Наконец, робко промолвил:

— Называюсь я Николай, раб святыни твоей, владыко.

Епископ, опознавший Божьего избранника и по его смирению, с радостью повел святого Николая на собор архиереев. Но Чудотворец, узнав о высоком сане, в который его собираются возвести, пытался отказываться. Лишь неотступные настояния епископов, прихожан, память о Евангелии и омофоре, врученных ему Спасителем и Богородицей в видении, убедили Угодника в необходимости рукоположения. Все же, став архиепископом Мир Ликийских, святитель не изменил своим правилам: носил простую одежду, постнически ел раз в сутки вечером.

В это время римский Император Диоклетиан поддался антихристианскому настрою своего соправителя Галерия, и с Никомидии началось беспощадное гонение. Там в день Пасхи сожгли прямо в храме двадцать тысяч христиан. Архиепископ Мир Ликийских Николай, продолжавший громко проповедовать во имя Божие, был заключен со своей паствой в тюрьму. Потянулись восемь лет христианского подвига святителя в темнице, где благодаря его исповедничеству многие самоотверженно пошли на мученичество.

В 311 году Галерий, изнуряемый страшной болезнью, как пишет древний историк, «оказал свое снисхождение христианам, позволяя им опять оставаться христианами и строить домы для своих собраний». Освободившись из заточения, «мученик изволением», «без крове венечник» святитель Николай снова занял кафедру архиепископа Мир Ликийских.

При воцарении христианского римского Императора святого равноапостольного Константина святителю Николаю удалось справиться с языческими храмами, развращавшими массу людей. Особенно почиталась в Малой Азии богиня Афродита, в капищах которой служили развратные жрицы. Был храм Афродиты и в Мирах — даже основание его архиепископ Николай «разметал по ветру», как и другие пристанища идолов в Ликии.

На всю ойкумену стал знаменит архиепископ Мир Ликийских Николай после Первого Вселенского Собора, состоявшегося в 325 году в столице Вифинии Никее. Здесь было отвергнуто еретическое учение Ария и его последователей. Главными опровергателями ереси стали святитель Александр, епископ Александрийский и святитель Николай Чудотворец. Историк указывает:

«Прочие святители защищали Православие помощью своего просвещения; Николай защищал веру самой верою — тем, что все христиане, начиная от Апостолов, постоянно веровали в Божество Иисуса Христа. Святость его жизни, всем известная, чистота намерений, признаваемая самими врагами, дар чудес, свидетельствовавший о непосредственном общении с Духом Божиим, — сделали то, что святитель Николай был украшением Никейского собора и заслужил, чтобы Церковь нарекла его правилом веры».

В то же время архиепископ Николай не переносил кощунников. На одном из соборных заседаний, которые шли около двух месяцев, он не стерпел богохульства Ария и ударил его по щеке... За это отцы Собора посадили святителя в башню, лишив его сана. Но вскоре отменили кары: некоторых из них посетило то самое видение, какое было у пресвитера Николая перед его рукоположением в Мирах. Омофор на святого Николая возлагала Пречистая Богородица, а Евангелие подал ему наш Господь. Кроме того, участники Собора убедились в крайней опасности высказываний ересеучителя Ария, от которых многие Отцы вынуждены были затыкать уши, да и вспомнили, что такой же воинствующей ревностью по Богу, как святителя Николай, отличался пророк Илия.

Вернувшись с Собора в Ликию, святитель застал там постигший земляков из-за неурожая большой голод. Он спас от гибели многих соотечественников очередным чудом. Итальянский купец, нагрузивший хлебом свой корабль, в ночь перед отплытием увидел во сне святителя Николая, приказавшего вести его судно в Ликию и вручившего задаток в три золотые монеты. Предание гласит, что, открыв глаза, купец увидел эти деньги, зажатые у него в ладони, и на рассвете отплыл в Миры.

В своей дальнейшей жизни Николай Чудотворец также прославился умиротворителем враждующих и защитником невинно осужденных. Он сумел утишить мятеж в местечке Плакомат, спасти от смертной казни троих безвинных жителей Мир и военачальников Непотиана, Урса, Ерпилиона. А все же непревзойден Никола Угодник выручкой на море.

Тонул в страшной буре корабль, шедший из Египта в Ликию. Сломаны были мачты и сорваны паруса, когда моряки упали

Внутреннее убранство католической базилики во имя Николая Чудотворца

на кренящуюся в пучину палубу, взмолились архиепископу Мир Ликийских Николаю... И он, легкий, со спутанной мокрой бородой, со столь известными огромными залысинами на голове, вдруг вырос на корме, не сгибаясь под шквалом волны.

— Вы звали меня, — крикнул святой Никола, — и я пришел к вам на помощь. Не бойтесь!

Он начал править судном. Вскоре ветер стих, пала на море тишина, исчез образ святого кормчего.

В середине IV века в глубокой старости 19 (6 — по старому стилю) декабря после непродолжительной болезни с радостью отошел в вечную жизнь Николай Чудотворец и был погребен в соборной Ми́рской церкви, что и положило позже в эту дату на Руси праздник Николы Зимнего.

Шли века. Город Миры и Ми́рский храм с ракой святителя приходили в разруху и запустение. Особенно в XI веке этой местности, как и всему христианскому Востоку, досталось от огня и мечей турецких нашествий. Тогда и произошло чудо, после которого мощи Николая Угодника оказались в Бари — исконно греческом городе, завоеванном норманнами, а впоследствии отошедшему к Итальянскому королевству.

В 1087 году святитель Николай явился во сне священнику Бари и сказал:

— Поди и скажи клиру и народу, чтобы они взяли из Мир Ликийских мощи мои и перенесли в здешний город; ибо Господу неугодно, чтобы я оставался там в пустыне.

Барийцы немедленно снарядили три корабля, на которых 47 человек местного священства и знати отправились в Миры Ликийские. Высадившись там, они обнаружили, что мощи святого Николая охраняют всего четыре монаха. Эти сторожа попытались бежать к землякам за подмогой, но их остановило знамение. Один из барийских пресвитеров уронил из рук стеклянный сосуд, взятый с родины со святой влагой, но он, сильно и звучно ударившись о мрамор пола, не разбился...

Кроме того, местный монах рассказывал до этого о своем видении троим горожанам, в каком святой Николай предупредил: или жители Мир, скрывшиеся в горах от турок, возвратятся и будут стеречь город, или он переселится в другое место. Другое дело, барийцы явились сюда не первыми, чтобы забрать с собой мощи чудотворца. Были до них посланники даже от Императоров, но святые мощи всем им «не давались».

Бариец Матфей рискнул и ударил молотком по мраморной плите помоста, под которым таился саркофаг святителя. Под лопнувшей плитой стали рыть землю и обнаружили белую раку, покрытую каменной треугольной крышкой. Сняв ее, люди увидели, что рака полна благоуханнейшей святой влаги, драгоценным елеем, называемым «миро». Сторожа убедились, что к этим пришельцам Николай Чудотворец «благосклонен».

Плавающие в мире мощи святителя вынули и упаковали, перенесли на один из кораблей. Непросто было отплыть барянам из-за толп жителей Мир, прибежавших на пристань. Те, протестуя, бросались в воду, хватаясь за весла и рули.

А когда вышли барийские суда в открытое море, вдруг сменился попутный ветер, их понесло в другую сторону. Назревало крушение...

Явилась догадка, что святой Никола за что-то гневается. Путешественники стали клясться на Евангелии в чистосердечии и выяснилось: кое-кто «по чувству усердия и веры» взял себе некоторые части чудотворных мощей. Когда все их вернули на место, корабли благополучно направились домой.

Прибывшие мощи святителя Николая находились в Бари во временном храме, пока два года возводилась здесь для них базилика. В 1089 году папа Урбан II своими руками переложил честные мощи Угодника Божия в новую серебряную раку, украшенную драгоценными камнями, которую перенесли в новый храм во имя Николая Чудотворца и поставили в алтаре.

Некоторое время спустя святитель Николай явился во сне одному благочестивому монаху, сказав:

— Благоволением всесильного Бога я пришел к вам в город Бар; теперь я хочу, чтобы мощи мои были положены под престолом.

Так мощи оказались под престолом в крипте — подземном храме. Они и сегодня почивают в несколько наклонном положении, так как вот уже более полутора тысячелетия постоянно образуют кристально чистое миро, похожее на воду горного источника удивительнейшего аромата.

Раз в году, в день памяти святителя Николая, в раку опускается закрепленный на шесте серебряный сосуд, которым миро собирается под основанием мощей. Поныне этой святой влаги, которую владеющие старинной базиликой Николая Чудотворца доминиканцы называют «манной», бывает около двух стаканов ежегодно.

Вернувшись к истории создания в Бари русского Николайграда, православного нашего храма, продолжим цитирование письма Великой княгини Елизаветы Федоровны Государю Императору Николаю Второму в 1911 году:

«...Третий вопрос — не мог бы Ты написать королю Умберто, чтобы тот дал согласие оказать нам помощь в сооружении храма. Он является протектором святителя Николая в Бари,

в то время как папа имеет на него лишь "ставропигиальные права". Земля к настоящему моменту уже куплена от имени частного лица. Место очень хорошее — недалеко от вокзала в оливковой роще, и оттуда трамвай идет прямо до базилики. Замечательное место и необычайно дешевое. И даже сам участок ориентирован на восток.

Да благословит святитель Николай это предприятие, и я бы, конечно, хотела, чтобы Ты принял участие в этом трогательном начинании и чтобы оно стало как бы незримой цепью, соединяющей его с Твоим народом, и светлым пятном в Твоем царствовании — в утешение за все выпавшие на Твою долю невзгоды...»

Великая княгиня Елизавета Федоровна ходатайствовала за возведение храма в Бари как председательница Императорского Православного Палестинского общества. Оно было основано в 1882 году для помощи русским паломникам в путешествиях на Святую Землю ее супругом Великим князем Сергеем Александровичем. Он был бессменным председателем Общества до своей гибели в 1905 году от руки тер-

Гробница в католической базилике во имя Николая Чудотворца

рориста Каляева, после чего этот пост перешел к его вдове Елизавете Федоровне.

Первым же инициатором идеи «Николай-града» явился русский паломник и писатель А. Н. Муравьев, в начале 1850 года посетивший на обратной дороге из Иерусалима Миры Ликийские. Он возмечтал приобрести в российскую собственность это место, чтобы восстановить в нем древний храм, где служил святитель Николай, и возродить его почитание. Правившие там турки резко воспротивились, и внимание обратилось на Бари с мощами Угодника.

Великая княгиня Елизавета Федоровна, строительница и настоятельница московского Марфо-Мариинского монастыря, увлеченно хлопотала о создании православного подворья в Бари. В ее обительской приемной стояла модель будущего храма и других построек, разработанных знаменитым архитектором А. В. Щусевым. «Частным лицом» же, упомянутым Елизаветой Федоровной в письме к Государю, был сотрудник Российского консульства, в покупке также участвовал известный проповедник и миссионер протоиерей Иоанн Восторгов. В 1911 году он поехал в Бари и купил там участок земли в 12 000 квадратных метров для Палестинского общества, чтобы построить на нем храм и основать русское подворье во имя Николы Угодника.

Жизненный подвиг отца Иоанна Восторгова, как и венец мученицы Российской Великой княгини Елисаветы Феодоровны, расстрелянной большевиками в 1918 году, освящает их детище в далекой Италии. После Октябрьского переворота в 1917 году отец Иоанн бесстрашно обличал в своих проповедях большевицких захватчиков. Каждое воскресенье в четыре часа дня он неколебимо служил молебен в храме на Красной площади, где тоже громил богоборцев. В 1918 году батюшку взяли чекисты. Расстреливали его вместе с другими новомучениками на краю выкопанной могилы. Перед казнью отец Иоанн подкрепил словом и благословил смертников, первым получив пулю палачей.

Торжественная закладка православного храма в Бари прошла в мае 1913 года, в день перенесения сюда мощей святителя. Кроме русских высоких лиц, были местный губернатор, городской совет, консулы иностранных государств при огромном стечении российских паломников. По щусевскому проекту храм представлял собой квадрат, в который вписан крест. Облик его характерен для новгородско-псковской архитектуры XV века: здание увенчивает купол на высоком барабане. Для постройки подворья Николай-града был создан специальный «Бариград»-комитет.

В 1913 году в Бари освятили на русском подворье временный храм во имя Святителя Николая и странноприимный дом на 70 отдельных помещений. Перед Первой мировой войной наплыв паломников из России сюда увеличился, неимущие получали бесплатные обед и ужин. Ходко шла отделка верхнего храма, для его украшения, например, князь А. А. Ширинский-Шихматов в своем тверском имении приготовил убранство. Но дальнейшие работы прекратилась из-за войны и русской революции. Нижний храм удалось освятить лишь в 1921 году.

После потрясений, сделавших из царской Империи советскую Россию, дело в Бари продолжил бывший товарищ (заместитель) обер-прокурора Святейшего Синода князь Ни-

Храм во имя Святителя Николая на русском подворье в Бари

колай Давидович Жевахов, известный в наше время «Воспоминаниями», написанными в 1920-е годы на подворье Святителя Николая. Князь хорошо знал это подворье, потому что до революции был одним из его строителей на средства Императорского Православного Палестинского общества.

Н. Д. Жевахов в начале XX века стал известен как составитель жизнеописаний святителя Иоасафа (Горленко), епископа Белгородского и Обоянского, которые послужили делу канонизации этого великого подвижника в 1911 году. В эмиграции Жевахов жил в Бари на православном подворье и заведовал Церковно-археологическим кабинетом Святителя Николая Мир Ликийских Чудотворца.

В 1938 году на Соловках расстреляли его брата князя В. Д. Жевахова, во иночестве Иоасафа, Митрополита Могилевского, тоже духовного писателя, много помогавшего знаменитому церковному писателю С. А. Нилусу в кровавую революционную пору.

Наша эмиграция помогала дальнейшему созиданию Николай-града как могла. Так, архитектор-иконописец Альберт Александрович Бенуа с его супругой два года трудились в Бари над росписью в верхнем храме стильного иконостаса, сделали другие художественные работы. В общем же русской церковью занимались городские власти Бари, в ведении итальянского городского управления очутился весь русский дом для паломников и часть дивного субтропического плодового сада при церкви. Лишь в мае 1955 года верхний храм был освящен.

В жизнь Николай-града много сил вложил настоятель храма, священник Русской Православной Церкви Заграницей протоиерей Игорь Значковский. Русский храм в Бари был «приходом всего православного мира», куда особенно охотно приезжали девушки и юноши Русского Зарубежья из Америки и Австралии. Сюда беспрерывно отправляли письма Николаю Угоднику все русские «дальние прихожане», его «чада».

В 1983 году в эту церковь греки прислали в дар икону святой Новомученицы Великой княгини Елисаветы. Ее написали в одном из греческих монастырей: большой образ прекрасной работы, на котором святая мученица — основательница Николай-града сего — в одеянии настоятельницы Марфо-Мариинской обители Милосердия с четками в руках.

Храм во имя Христа Спасителя
и во имя Святой Екатерины Великомученицы
и Преподобного Серафима Саровского в Сан-Ремо

Из русских храмов на этой земле, помнящей зарю христианства, надо выделить и **храм в честь Христа Спасителя и во имя Святой Екатерины Великомученицы и Преподобного Серафима Саровского**, стоящий в центре города Сан-Ремо на итальянской Ривьере в нескольких километрах от французской границы.

Перед входом в церковь на мраморной доске высечено: «Храм Христа Спасителя. Архиепископия западно-европейских русских церквей, 12 рю Дарю, Париж. Воздвигнут жертвенными усилиями православных города Сан-Ремо и его окрестностей в 1913 году старанием попечительного и строительного комитета во главе со следующими лицами: В. К. Саблер, В. С. Шереметев, В. И. Таллевич, Т. Деберо, А. М. Суханина, Г. Э. Тилло, инж. Торнаторе по чертежам архитектора Щусева и под руководством архитектора Агости. Послевоенному восстановлению и продолжающемуся свидетельству о Православии храм обязан городскому управлению Сан-Ремо, адвокату Фузаро, А. Н. Власову, старостам М. А. Стансфильд, Ефремовой, И. Н. Сперлари-Бурмазович и настоятелю протоиерею Иоанну Янкину. Лето 1990 года».

Судьба этого храма интересна тем, что сведений о его проектировании академиком архитектуры А. В. Щусевым (1873–1949) современными российскими исследователями ни в фонде ГНИМА, ни в семейном архиве Щусевых не обнаружено.

От ворот церковной ограды дорога ведет к зданию мимо двух бюстов на гранитных постаментах, где на мраморных досках бронзой обозначено: «Витторио Эмануэле III», «Елена ди Монтенегро». Надпись по доске между бюстами по-итальянски гласит:

«С христианским состраданием и преданностью монархи Италии часто посещали гробницы родителей Елены Черногорской короля Николая и королевы Милены, которые с княжнами Верой и Ксенией были похоронены в склепе русской церкви до 29 сентября 1989 года, когда их останки с торжественным почетом города Сан-Ремо были возвращены на их родину».

Облик храма выдержан в стиле русских церквей XVII–XVIII веков, он изукрашен каменной резьбой и изразцами. Живописна стоящая рядом колокольня с шатровой крышей, такие купола часто встречаются на церквах русского Севера.

*Храм во имя Первоверховных Апостолов
Петра и Павла в Карловых Варах*

НА ЧЕШСКИХ КУРОРТАХ

На знаменитых чешских Карловых Варах русское Православие прославляет **храм во имя Первоверховных Апостолов Петра и Павла** не случайно. До того как здесь, в бывшей Австро-Венгрии, на этом курорте, называвшимся Карлсбадом, перебывал весь цвет русской аристократии, наши выдающиеся государственные мужи, писатели и художники, в 1710, 1711 и 1712 годах на карлсбадских минеральных водах лечился Государь Император Петр Первый.

Именно в зените карлсбадских поездок, с 1711 года Царь Петр Великий начал заботиться о белом духовенстве в России. Как утверждает историк С. М. Соловьев, проблемой являлось то, что «в белом духовенстве было больше людей, чем дела: вознаграждение за дело поэтому делилось между слишком многими, отчего происходила бедность со всеми ее печальными последствиями для человека, обязанного кормить семейство».

Кроме того, обеднение духовенства связывалось со стремлением тогда на Руси жить особняком. Каждый более или менее состоятельный человек желал иметь свой домовой храм. Происходило это и потому что женщины из-за их «теремного затворничества» стеснялись ходить в общие церкви. Обилие частных храмов подрывало благосостояние священников, так как, истратившись на свою церковь, хозяин не всегда мог содержать при ней батюшку и лишь временно нанимал его на площадях (крестцах).

В связи со всем этим новоучрежденный Государем Петром Сенат вместе с церковным Собором произвел мероприятия нравственного и материального характера для священства: не ставить в диаконы лиц моложе тридцати лет; не посвящать лишних служителей; отстранять кандидатов, просящихся на места старых и больных батюшек; не посвящать диаконов в бедные приходы; внимательно относиться к правдивости заручных челобитных; поповским старостам спрашивать прихожан, хотят ли они иметь в своем приходе того или иного кандидата в священника, диакона.

В Карлсбаде Император Петр больше отдыхал, его источники славились со средних веков. Из них текли горячие щелочные, содержащие глауберову соль минеральные воды, которые назывались Богемскими. По легенде, эти источники открыл чешский король Карл IV в 1349 году при охоте на оленей, и факт, что в 1358 году король построил здесь на холме левого берега реки Теплой замок. Карлсбад хранит массу свидетельств о пребывании в нем русского Царя-мастерового, и на отдыхе не привыкшего сидеть без дела.

Император Петр Великий с юности брался за ручной труд при всяком подвернувшемся случае, с его ладоней не сходили мозоли. Еще в первую заграничную поездку Государя немецкие принцессы из разговора с ним вывели, что Царь в совершенстве знает до четырнадцати ремесел. Везде, где Петр бывал, оставались совершенно разные его изготовления: посуда, табакерки, стулья, шлюпки. Император по золоту своих рук не смущался взяться за хирургию и стоматологию, после его смерти остался памятником целый мешок с выдернутыми Царем зубами.

Выше всего Петр Великий все же ценил свое корабельное мастерство. Историк В. О. Ключевский указывает:

«Никакое государственное дело не могло удержать его, когда представлялся случай поработать топором на верфи. До поздних лет, бывая в Петербурге, он не пропускал дня, чтобы не завернуть часа на два в адмиралтейство. И он достиг большого искусства в этом деле; современники считали его лучшим корабельным мастером в России».

В Карлсбаде Царь Петр каменщиком участвовал в постройке одного из домов. В городском предместье, в деревенской кузнице Государь выковал подкову и посох. В карлсбадских окрестностях не было ни фабрики, ни мастерской, которых Петр не посетил, в некоторых поработал. Однажды

Царь взошел на гору Олений прыжок, и на постаменте здешнему памятнику: прыгающему оленю, — вырезал буквы МСПИ: манус суа Петрус Император — собственноручно Император Петр.

Тут на курорте Государь познакомился с выдающимся немецким философом Г. В. Лейбницем. С ним Петр Первый встречался в 1711, 1712 и 1716 годах, переписывался и разработал ряд проектов по развитию образования и государственного управления в России. Благодаря их общению у Императора возникла мысль о круговороте наук, тесно связанная с его просветительскими помыслами. Высказана она в приписке к черновику письма, которое Лейбниц писал Петру в 1712 году, хотя в чистовике, отправленном Царю, опущена:

«Провидение, по-видимому, хочет, чтобы наука обошла кругом весь земной шар и теперь перешла в Скифию, и потому избрало Ваше Величество орудием, так как Вы можете и из Европы и из Азии взять лучшее и усовершенствовать то, что сделано в обеих частях света».

Государь Петр I изложил эту идею по-своему в 1714 году, празднуя спуск военного корабля в Петербурге. Речь с нею, произнесенную Императором в застолье на палубе, передал немец, ганноверский резидент в России Х. Ф. Вебер, автор труда «Преобразованная Россия»:

«— Кому из вас, братцы мои, хоть бы во сне снилось лет тридцать этак назад, что мы с вами здесь, у Остзейского моря, будем плотничать и в одежде немцев, в завоеванной у них же нашими трудами и мужеством стране построим город, в котором вы живете, что мы доживем до того, что увидим таких храбрых и победоносных солдат и матросов русской крови, таких сынов, побывавших в чужих странах и возвратившихся домой столь смышленными, что увидим у себя такое множество иноземных художников и ремесленников, доживем до того, что меня и вас станут так уважать чужестранные государи?

Историки полагают колыбель всех знаний в Греции, откуда по превратности времен они были изгнаны, перешли в

Италию, а потом распостранились было и по всем австрийским землям, но невежеством наших предков были приостановлены и не проникли дальше Польши; а поляки, равно как и все немцы, пребывали в таком же непроходимом мраке невежества, и только непомерными трудами правителей своих открыли глаза и усвоили себе прежние греческие искусства, науки и образ жизни.

Теперь очередь приходит до нас, если только вы поддержите меня в моих важных предприятиях, будете слушаться без всяких отговорок и привыкните свободно распознавать и изучать добро и зло. Это передвижение наук я приравниваю к обращению человеческой крови в человеческом теле, и сдается мне, что со временем они оставят теперешнее свое местопребывание в Англии, Франции и Германии, продержатся несколько веков у нас и затем снова возвратятся в истинное отечество свое — в Грецию. Покамест советую вам помнить латинскую поговорку: "Ora et labora (молись и трудись)", — и твердо надеяться, что, может быть, еще на нашем веку вы пристыдите другие образованные страны и вознесете на высшую степень славу русского имени».

Петр Первый первым и пожелал иметь русскую церковь в Карлсбаде.

В XVIII столетии курорт Карлсбад разросся в большой город, где заработали заводы по производству фаянса, стекла, изготовлению целебного ликера «Бехеровка», открылось много мастерских. Гостиницы, пансионаты, бани, павильоны для лечебных процедур заполоняют долину и начинают строиться по склонам окрестных гор. Пушкин писал сюда в 1828 году своему другу Н. Д. Киселеву:

Ищи в чужом краю здоровья и свободы,
Но север забывать грешно.
Так слушай: поспешай карлсбадские пить воды,
Чтоб с нами снова пить вино.

Слава этих мест и великосветское общество привлекали высочайших особ из России: княгиню Анну Федоровну (в 1818 году), Великую герцогиню Саксен-Веймарн-Эйзенах скую Марию Павловну (1813–1829), Великого князя Михаила Павловича (1822, 1825). Их имена и другой лечившейся тут августейшей знати выбиты на мраморной доске, помещенной на гранитной скале, верхушка которой названа в честь Петра Первого Petershohe. Здесь же с 1877 года возвышается каменный бюст царя Петра, а на двух досках, окаймляющих мраморный список, стихи поэта князя Вяземского от 1853 года:

> Великий Петр! Твой каждый след
> Для сердца русского есть памятник священный,
> И здесь, средь гордых скал, твой образ незабвенный
> Встает в лучах любви, и славы, и побед.
>
> Нам святы о тебе преданья вековые,
> Жизнь русская еще тобой озарена
> И памяти твоей, Великий Петр, верна
> Твоя великая Россия!

На левой стороне скалы-пьедестала находится доска со стихотворением, посвященным русскому Императору Петру, барона А. де Шабо на французском языке.

Мемориальная доска также увенчана именем Великой княгини Елены Павловны, с 1835 года начавшей хлопотать об устройстве здесь православной церкви. Конкретно же этим вопросом в России занялись с 1860 года, о чем свидетельствует переписка обер-прокурора Святейшего Синода и товарища министра иностранных дел. Из документа от 29 июля 1863 года мы узнаем:

«...Состоящий в должности гоф-маршала двора Его Императорского Величества граф (Алексей Иванович) Мусин-Пушкин уведомил, что многие Русские, проживающие в Карлсбаде, изъявили готовность оказать всевозможное содействие к построению там православного храма и по подписке между ними уже собрано на этот предмет до 41 т. руб. Ее Императорское Высочество Государыня Великая Княгиня Елена Павловна также изволит принимать живейшее участие в осуществлении этого предприятия, местное городское управление соглашается отделить для сей цели безвозмездно

Внутреннее убранство храма Петра и Павла

участок земли, а со стороны Австрийского правительства препятствий к постройке храма не встречается. Для отправления же Богослужения мог бы быть приглашаем священнослужитель при русской церкви в Ироме, и тамошний священник Василий Войтковский не предвидит в этом отношении никакого затруднения...»

В сентябре 1864 года упомянутый протоиерей Василий Войтковский отправил первенствующему члену Святейшего Синода Митрополиту Санкт-Петербургскому Исидору обстоятельное послание, где взвесил все «за» и «против», связанные с устройством церкви в Карлсбаде.

Отец Василий отмечал, что те, кто хотели бы «в скорейшем времени» иметь здесь храм, внушительный своим «местоположением и видом», настаивают строить его на участке, отпущенным городом на одном из скатов горы, замечательной мемориальностью Петра Великого. Другие, указывал батюшка, полагают, что для храма должно быть «место вполне удобное и доступное для всех, легко и тяжело больных, имеющих состояние и неимеющих». Эти люди подчеркивали, что не всем больным под силу будет подниматься в гору пешком, а нанимать повозку не по карману. Им возражали: денег на покупку подобного участка нет, — а те отвечали:

— Когда денег нет, то надобно ожидать, когда они будут. Жалко же и те деньги, которые уже собраны, бросить на постройку церкви на таком месте, которое по своей малодоступности возбуждает лишь толки и ропот.

«Наконец, — писал Митрополиту отец Василий, — *те, которые имеют в виду обеспечить в Карлсбаде, главным образом, б о г о с л у ж е н и е, не занимаясь много тем, будет ли это богослужение совершаться в приличном и благолепном храме, или только в нанятом зале, — эти полагают, что лучше было бы обратить собранные на постройку церкви деньги в капитал на содержание в Карлсбаде временной церкви или точнее, на содержание богослужения в лечебное время и таким образом можно было бы скорее избавиться от докучливых сборов на постройку церкви, и в то же время, на содержание ее, а также освободиться от забот как церковь будет существовать, когда выстроится, но не будет иметь никакого капитала для*

содержания себя и приглашаемого причта, а может быть должна будет еще впадать и в долг».

В результате в Карлсбаде на первых порах в 1866 году открыли домовую церковь в купленном доме. Об этой церкви отец Василий рассказывал:

«Скромная по устройству и внешности временная православная церковь в Карлсбаде, но она уже вмещала в себе недужных пришельцев из всех концов России, из Австрии, Подунайских княжеств, Греции, Египта, в ней находили утешение и такие лица, которые высоко стоят на лестнице государственной, или иерархической, как: Их Императорские Высочества Государыни Великие княгини Елена Павловна и Мария Павловна, Митрополит Валахии Нифонт, сербский епископ из Венгрии Емилиан, два сербских архимандрита, один из Венгрии — Антоний, другой из Далмации — Герасим, один валашский протоиерей из Венгрии; в Карлсбадской православной церкви за каждой почти обедней по праздничным дням было довольно и иноверцев, особенно духовных, которые с терпением и вниманием простаивали от начала до конца богослужения».

Достаточные средства на постройку нынешнего храма во имя Первоверховных Апостолов Петра и Павла были собраны к концу XIX века. В 1893 году его начали возводить на склоне одной из карлсбадских гор по проекту академика архитектуры К. А. Ухтомского, умершего неподалеку в Мариенбаде в 1881 году. Также известны его акварели интерьеров различных петербургских зданий, в том числе залов Нового Эрмитажа. Безвозмездно руководил стройкой архитектор из Франценсбадена Густав Видерман. 28 мая 1897 года состоялось торжественное освящение церкви митрофорным протоиереем Александром Лебедевым в сослужении двенадцати священников, прибывших из разных российских зарубежных посольств.

Русский храм Петра и Павла издалека впечатляет куполом его колокольни, вознесшимся на 40 метров над прилегающей улицей имени Петра Великого. На фасаде звонницы — изображение Нерукотворного образа Иисуса Христа, слева от него апостол Петр, справа — апостол Павел. По бокам входа в церковь изображен крест, левее которого — святитель Василий Великий и слова: «Кресту Твоему поклоняемся, Владыко». Храм расписан снаружи изображениями святых, их лики и в пролетах барабана главного купола. Шатровая надстройка над папертью, гармония размеров и украшений словно выше и выше возносят церковь над современными Карловыми Варами.

При освящении храм получил богатые дары из России: церковную утварь, множество икон, облачения на престол, священнические одежды, хоругви. Здешний дубовый иконостас подарен Великой княгиней Еленой Павловной.

Звонница храма Петра и Павла

Волынские чехи преподнесли церкви оконный витраж, изображающий чешскую святую княгиню Людмилу. Рядом с храмом размещается дом его настоятеля.

Самыми большими жертвователями на постройку храма Петра и Павла в Карлсбаде и его внутреннее убранство явились Великая княгиня Елена Павловна — принцесса Вюртенбергская и супруга Великого князя Михаила Павловича; а также граф А. П. Шувалов, А. И. Кошелев, князь С. М. Воронцов, граф М. Ю. Вильегорский.

Императора Петра Первого здесь никогда не забывали. Его бюст на горе поновили в 1900 году, а в 1902 году был обновлен и находящийся на Петровой горе крест, к которому вместо прежней деревянной лестницы проложили каменную с гранитными ступенями, с изящной чугунной решеткой по бокам. Тогда же освятили памятник, крест и лестницы; сюда из храма Петра и Павла был совершен крестный ход. Этот день 18 мая 1902 года совпал с празднованием в России 200-летия основания Санкт-Петербурга.

На тех петровских карлсбадских торжествах присутствовали городской совет во главе с бургомистром Шеффлером, представители курортной администрации, много русских, славянских и других гостей. Господин Шеффлер в своей речи высоко охарактеризовал личность Государя Петра Великого, высказал благодарность настоятелю русской церкви за «посвящение места сего и благословение городу», который, как он выразился, всегда хранил и хранить будет дорогие воспоминания о пребывании великого русского Императора в Карлсбаде и поддерживать памятник и крест при нем.

Первая мировая война прервала жизнь карлсбадского православного храма Петра и Павла, богослужения в нем продолжились с 1918 года. С 1980 по 1986 годы в русской церкви прошли большие ремонтные работы, подновлялся ее внешний облик, золотили купола. Расписывали храм художники из России. Впечатляет здесь, например, теперь и хрустальное паникадило со 132-мя лампочками.

Неподалеку от современных Карловых Вар (Карлсбада) в Чехии расположено другое знаменитое курортное место Марианске-Лазне, издавна известное как Мариенбад. Здесь Православие также великолепно представляет русский **храм во имя Святого Равноапостольного Князя Владимира**.

На освящении этой церкви в 1902 году берлинский протоиерей Алексей Мальцев сказал:

— Три с глубокой древности всем известные по своим целебным свойствам источника бьют из недр земли в благословенной Богемии, и при двух из них — во Франценсбаде с 1889 года, в Карлсбаде с 1897 года — уже простираются к небу златые кресты и купола наших родных храмов, составляющих радость и утешение молящихся, и красоту, и благолепие этих городов. И только при третьем из них, Мариенбаде, доселе недоставало нам своего собственного православного русского храма, хотя временная и домовая церковь была устроена здесь еще в 1882 году!

Мариенбад стал самым популярным курортом среди русской знати, богемы и купцов в XIX столетии. Аристократические и дворянские фамилии, представители которых бывали здесь, являют едва ли не полный список титулованных и нетитулованных родов России: Багратион-Мухранские, Барклай де Толли, Бобринские, Врангели, Воронцовы, Гагарины, Голицыны, Давыдовы, Долгорукие, Зубовы, Игнатьевы, Келлеры, Кочубеи, Куракины, Лобановы-Ростовские, Меншиковы, Мусины-Пушкины, Нарышкины, Паскевич-Эриванские, Соллогубы, Столыпины, Толстые, Трубецкие, Хованские, Чернышевы, Шаховские, Шереметевы...

Орест Кипренский написал здесь два лучших портрета Гете, лечились тут Карамзин, Языков, Тютчев, Петр Вяземский, Жуковский, братья Тургеневы, Гоголь, Лесков, Сперанский;

Храм во имя Святого Равноапостольного
Князя Владимира в Марианске-Лазне

автор гимна «Боже, Царя храни», генерал-майор и церковный композитор А. Ф. Львов, историк Погодин, композитор Рубинштейн; Иван Гончаров за свои восемь поездок создал в этих местах роман «Обломов»; бывали здесь и обер-прокурор Священного Синода К. П. Победоносцев, и певец Федор Шаляпин.

Будущему мариенбадскому православному храму не везло с сохранностью на него денежных пожертвований. Еще в 1825 году князь Голицын выделил 25 тысяч рублей «на построение какой-либо христианской церкви», но православных обошли и средства использовались на возведение католического храма. Еще обиднее случилось с 25-ю тысячами гульденов пожертвований, находившихся у «Комитета по сооружению русского православного храма в г. Мариенбаде, в Австрийской Богемии», работавшего с 1881 года. Деньги хранились в местном банке, который обанкротился в 1890 году.

В 1899 году в Комитет вошел священник отец Николай Писаревский, настоявший, чтобы от сумм новых пожертвований треть шла на содержание временной походной церкви, прихожане которой были главными жертвователями. Среди них особенно крупные вклады сделали Великий князь Владимир Александрович, Великий князь Михаил Николаевич с сыновьями, Король Сербский Александр и Князь Болгарский Фердинанд.

Для сооружения постоянной русской церкви образовали Особую комиссию, которая присоединилась к Комитету, к ним добавился Почетный комитет в Петербурге под председательством графа И. И. Воронцова-Дашкова. С этих пор дело быстро пошло вперед, потекли пожертвования, необходимые для возведения храма. Под его строительство выбрали возвышенное место у склона векового соснового леса. В июле 1899 года внесли задаток за этот земельный участок.

Торжественную закладку храма во имя Святого Равноапостольного Князя Владимира совершил отец Николай Писаревский в присутствии графа Воронцова-Дашкова 24 августа 1900 года. Проект церкви сделал архитектор, реставратор, действительный член Академии художеств Н. В. Султанов. Он преподавал историю архитектуры и древнерусское искусство, обследовал памятники русского зодчества, являлся директором Института гражданских инженеров. Султанов участвовал в строительстве домов Шереметева в Петербурге, перестраивал его Странноприимный дом в Москве. С именем этого архитектора также связано строительство памятника Императору Александру II в Кремле, реставрация дворца Царевича Дмитрия в Угличе, церкви в Останкине, собора Никитского монастыря.

Руководил постройкой Владимирского храма в Мариенбаде, как и церкви в Карлсбаде, франценсбаденский архитектор Г. Видерман безвозмездно. Освящал храм 25 июня 1902 года берлинский протоиерей Алексей Мальцев в сослужении священников из Одессы и Петербурга. Прибывший на торжество советник русского посольства в Вене камергер Свербеев за оказанные труды по сооружению церкви вручил знаки отличия бургомистру Надлеру, архитектору Видерману (орден Св. Станислава 2-й степени), строителю Гейнце и ювелиру Шпицу.

Церковный староста казачий полковник П. П. Рыжковский купил для храма за 20 тысяч рублей чудесный иконостас — уникальное произведение эмале-фарфорового искусства, который был изготовлен на Кузнецовском фарфоровом заводе под Тверью и получил в 1900 году Гран-при на Всемирной выставке в Париже. За это П. П. Рыжковский был удостоен ордена Святого Владимира 4-й степени. Протоиерея Николая Писаревского наградили орденом Святой Анны 3-й степени.

То, что за церковью начинается склон, дало возможность устроить под ней квартиру для настоятеля и ряд вспомогательных помещений. На пять храмовых колоколов граф Воронцов-Дашков собрал деньги в Петербурге. Жаль, что они были сняты на сырье для военных нужд во время Первой мировой войны.

Стиль храма во имя Князя Владимира русско-византийский. На фоне краснокирпичных стен рельефно выделяются наличники окон и вертикальные столбики под карнизами крыш — будто наброшено кружево. По бокам входа в церковь — иконы святого Владимира и святой Ольги, исполненные в васнецовской манере.

Иконостас храма Святого Владимира

В храме взгляд сразу приковывает удивительный иконостас, пожертвованный харьковчанином П. П. Рыжковским. Его верхняя часть создает впечатление, словно мы видим церковь в церкви. Приблизишься и снова изумишься: весь иконостас представляет из себя работу по перегородчатой эмали. Это дивные переливы золота и темно-синего кобальта, других красочных оттенков. Изготовление весьма искусно: каждому цвету соответствовала своя температура обжига, некоторые детали с высочайшим мастерством обжигались по несколько раз.

Царь Петр Великий и крестивший Русь князь Владимир с подобающим величием увековечены и здесь храмами, связанными с их именами.

*Фрагмент иконостаса в храме
Святого Владимира*

Храм во имя Святой Праведной Елисаветы в Висбадене

ПРИНЦЕССЫ В ГЕРМАНИИ

С Германией Россия исстари установила крепкие взаимоотношения. Немудрено, ведь с середины XVIII и в особенности в XIX веке возникли тесные династические связи между царственным родом Романовых и правящими династиями королевств, княжеств и герцогств Германии. Немецкие принцы женились на Великих княжнах Романовых, а Великие князья Романовы брали себе в жены немецких принцесс. Так что при дворах в Германии были сооружены зачастую роскошные православные храмы, но доступ к ним имели лишь дипломаты.

Германия занимала и первое место в русской заграничной торговле. Знаем мы эти связи и по школьным учебникам с хрестоматийным «немецким засильем» при царевом дворе, а немцы живо помнят русских, особенно с тех пор, как к ним стало ездить российское общество «на воды». Германские земли Нассау, Вюртемберг, Гессен, Баден и другие изобилуют минеральными источниками, горячими и холодными, газированными и простыми, которыми пользовались с древности.

Русские приезжали сюда целыми семьями, здесь знакомились, крестили новорожденных, отпевали и хоронили умерших. Жизнь наших соотечественников тогда не могла обходиться без церкви. Поэтому здесь, как и везде за границей, где обосновывались православные, создавались комитеты по сбору средств на церковное строительство. За содействием, средствами не стеснялись обращаться к Императорскому двору и Святейшему Синоду. Поэтому тут, как и по всему миру, многие храмы построены по почину Государей или членов Дома Романовых, или при их денежном содействии.

Прежде всего хочется рассказать о **храме во имя Святой Праведной Елисаветы** в Висбадене, создание которого связано с печальной и красивой историей о принцессе из самого знаменитого здесь рода Романовых.

В 1844 году племянница русского Императора Николая Первого, дочь Великого князя Михаила Павловича Великая княжна, принцесса — по-западному, Елизавета Михайловна вышла замуж за Адольфа Нассауского, Великого герцога Люксембургского, и молодые торжественно въехали в главный город земли Гессен герцогства Нассауского Висбаден. А через год восемнадцатилетняя Елизавета умерла при родах. Чтобы воздвигнуть памятник любимой и их невыжившему ребенку, герцог сразу же решил построить православную церковь. Пожертвовал на это приданое покойной в миллион рублей, его поддержал средствами и Император Николай Первый.

Адольф Нассауский отправил своего архитектора Филиппа Хофмана в Россию, чтобы он ознакомился со стилем русских храмов. В 1846 году скрупулезнейший Хофман неистово трудился карандашом в Петербурге и Москве. Он, например, зарисовал весь гигантский комплекс Кремля, не забыв ни одного окна, ни одной стрельницы. Но особенно приглядывался немец к храмам, воздвигавшимся в то время любимым архитектором Государя Николая Первого Константином Тоном. И больше всех поразил Хофмана начавший строиться Тоном в Москве с 1837 года храм Христа Спасителя. Со вдохновением от его великолепного «истинно русского» стиля Хофман еще в России набросал проект будущей церкви в Висбадене, который дома одобрил герцог.

Замечательно было выбрано место для храма: через густой лес вы поднимаетесь на Нероберг — один из уступов Таунусских гор, окаймляющих Висбаден. Отсюда чудны панорамой гессенские равнины, Вогезские горы, тянущиеся к французской границе. Ближе сверкает речная сабля Рейна меж виноградных холмов и совсем рядом царит городская готика.

Строили храм из белого песчаника, чтобы он почетче выделился на фоне темного леса, а для пущего контраста посадили позади церкви ели. Будто с изумрудного пьедестала

Купола храма Святой Елисаветы

далеко-далеко светит белый русский храм, в основании которого греческий крест.

Молодой ваятель Эмиль Александр Хопфгартен изготовил для него колоссальные медальоны с головами святой Елисаветы, святой Елены и Архангела Михаила — небесных покровителей умершей и ее родителей. Медальоны расположены на внешней стороне храма на фасадах ризалитов под арками. С четырех церковных сторон — колонны, арки, тройные окна, арабески. С западной и южной — порталы и ряд ступеней у входов, с северной — небольшая ротонда. Пять символических золотых куполов во главе храма. Благоговейно-торжественно, кротко-радостно от такой гармонии.

Вот как описал поэт князь П. А. Вяземский перенесение тела Великой княгини Елизаветы в 1855 году из католического храма, где оно было десять лет, в русскую церковь:

«В полночь на 14/26 мая совершена была православным священником лития перед выносом гроба блаженной памяти Великой княгини; после чего он взял образ Спасителя, которым почившая была благословлена от своих высоких родителей, и вместе с тем открылась траурная процессия в новую православную церковь, где была приготовлена встреча со стороны прочего русского духовенства. Процессия сия проходила через многие улицы, наполненные народом, несмотря на позднюю пору, окна домов были открыты и изо всех выглядывали лица. Память Великой княгини жива в столице, которую она так недолго украшала присутствием своим; но и в это недолгое время успела добродетелью своею и прозорливостью и деятельной благотворительностью оставить по себе незабвенные следы, которые русский с радостью и благодарностью встречает везде, где живет, и где живет отрасль нашего Царского Дома.

Картина была в высшей степени поразительная и трогательная. Благоуханная, тихая, теплая, ярко освещенная месяцем ночь таинственностью и торжественностью своею вполне соответствовала умилительному действию, которое совершалось на земле. С возвышения, на котором стоит церковь, видно было, как погребальная процессия при зажженных факелах медленно поднималась в гору и приближалась к месту своего назначения. Последний земной переход странницы, которая так недолго жила на земле и которой по смерти ее суждено было десять лет ожидать, пока заботливостью любви ее оплакивающей был устроен и освящен для ее останков приют, ее достойный. Звуки погребальной военной музыки заунывно раздавались в ночной тишине.

Наконец, почившая странница дома! Церковь приняла ее в свое лоно и осенила кровом и крестом своим. Гроб поставлен посреди храма, ярко освещенного, и мраморные стены блещут, отражая многочисленные огни».

Внутренность храма-памятника Святой Елисаветы в Висбадене облицована белым мрамором. Нижние поверхности стен до высоты цоколя и пилястры позади больших колонн, как и орнамент, сделаны из каррарского мрамора. Хофман сам разрабатывал орнаментовку, неоднократно ездил в Каррару, чтобы проверять там труды скульпторов и мраморщиков. Прочие работы по мрамору делали в самом герцогстве Нассау, богатом этим материалом в Дице, Лимбурге, Фильмаре.

Главный купол украшен фресками двоюродного брата скульптура Эмиля Хопфгартена — берлинского живописца Августа Хопфгартена, изображающими пророков, ангелов и евангелистов. Секрет особо прочной здесь штукатурки тот же, что применял для своих фресок в Берлинском музее Вильгельм фон Каульбах. Его специально купили для висбаденской церкви у берлинского каменщика Трюлофа за большие для того времени деньги в 250 талеров. Поэтому фрески сохранились поныне в своей первоначальной свежести.

На царских вратах — образ Благовещения, над ним Тайная вечеря. Когда они открыты, видно изображение воскресшего Спасителя на оконном стекле алтаря. Выточенный из каррарского мрамора иконостас по православному обычаю богато украшен иконами, которые написал русский придворный художник Т. А. фон Нефф (1805—1878).

Выпускник Дрезденской академии Нефф с 1826 года трудился в Петербурге. Живописные работы этого академика живописи, профессора, хранителя картинной галереи Эрмитажа находятся также в Зимнем дворце, Исаакиевском соборе, многих дворцах, жилых домах Петербурга и его окрестностей.

Работы Неффа попали и на иконостас тогдашнего храма Христа Спасителя в Москве. Правда, печально знаменит этот мастер тем, что первым отошел от древне-освященного канона иконописи, создавал свои изображения святых в натуралистическом стиле с западными влияниями, которым Российская Империя открылась в XIX веке.

В Елисаветинской церкви в Висбадене свет обильно плещет из купола, из больших окон, поглощаясь лишь на северной стороне темно-малиновой бархатной занавесью. Здесь в нише над могилой Великой герцогини, Великой княгини Елизаветы Михайловны стоит мраморный саркофаг с высеченной наверху лежащей фигурой покойной и с двенадцатью фигурами апостолов в нижней части постамента. Его ваял скульптор Эмиль Хопфгартен, взяв за образец знаменитую гробницу королевы Луизы в Берлине, созданную Раухом. Однако, несмотря на довольно близкое подражание, строгие классические формы оригинала смягчены в духе того времени — эпохи романтического сентиментального натурализма.

Такова символика этой истории о будто спящей царевне, что угадывал поэтически еще князь Петр Вяземский:

«Великая княгиня представлена лежащею на одре. Сон ли это отдыхающей жизни? Бессмертное ли усилие странницы, уже совершившей свой путь земной? Трудно решить! Так много жизни и теплоты в этом неподвижном и холодном мраморе; такое ясное и уже бесплотное спокойствие в выражении лица, во всем стане, в членах. Глядя на это надгробное изображение, спрашиваешь: смерть, где твое жало? И здесь духовная жизнь победила смерть, то есть выразила красноречиво и убедительно, что смерть ничто иное, как одно из проявлений бессмертия!

Довольно длинный ряд ступеней, спускающихся вниз, ведет отселе в склеп. Отворите дверь в него с цветными стеклами; как и при самом входе в храм — на вас не пахнет могильным тлением, вас не охватит могильный мир: воздух чрезвычайно сух и легок, и неугасимая лампада сияет над могилой царственной покойницы... Здесь так духовная мысль побеждает смерть — здесь скорее всего можно вспомнить о

Внутреннее убранство храма Святой Елисаветы

древних катакомбах, где у нетленных тел святых мучеников раздавались победные христианские песни... И не чувствуется особенного контраста, когда опять поднимаешься кверху и через полусумрачную ротонду вступаешь в полный света и богато украшенный храм».

В Бад-Хомбурге закладка русского православного **храма в честь Всех Святых** и в память священного коронования Их Императорских Величеств, Государя Императора Николая II и Его Августейшей Супруги, Государыни Императрицы Александры Феодоровны, урожденной принцессы Гессен-Дармштадтской, состоялось 4/16 октября 1896 года в присутствии Их Императорских Величеств, а также вдовствующей германской Императрицы Виктории, Великой княгини Елизаветы Федоровны, Великого герцога Гессен-Дармштадтского Эрнста Людвига и многих других высокопоставленных лиц.

История символики этого храма такова. В апреле 1894 года в германском городе Кобурге была помолвка Наследника Всероссийского престола Николая Александровича с немецкой принцессой Алисой Гессен-Дармштадтской. 20 октября того года в Ливадии скончался его отец Государь Император Александр III, и Николай Александрович вступил на престол Российской Империи. 21 октября присоединилась к Православию невеста нового Государя принцесса Алиса, после этого называвшаяся Александрой Федоровной. В ноябре Государь Император Николай II бракосочетался с благоверной Великой княжной Александрой Федоровной. В ноябре 1895 года у них родилась первая дочь Ольга.

Священное коронование и святое миропомазание, венчание на царство Николая Второго и Александры Федоровны, в память чего заложили русский храм в Бад-Хомбурге, проходило в Москве в мае 1896 года. На Руси по традиции, восходящей к Византийской Империи, существовал особый ритуал венчания на царство. Только после него Царь становится Помазанником Божьим, хотя правителем — сразу после кончины предшествующего монарха. Способность управлять царством дается таинством миропомазания в коронации.

Храм в честь Всех Святых в Бад-Хомбурге

Обычно эта церемония, великое национальное событие, происходит через год-два после восшествия монарха на престол, потому что к нему долго готовятся, и в нашей древней столице Москве всегда бывали торжества. Вот и 1 января 1896 года Государь Николай Александрович выпустил о них манифест, распорядившись, дабы протокольно было так же, как в 1883 году при венчании на царство его батюшки тоже в мае. Программу коронования рассчитали на три недели и расписали по часам.

С начала 1896 года взялись в Москве за ремонт и стройку в Успенском соборе, других зданиях Кремля. На главных городских площадях воздвигали триумфальные арки, на Лубянке, например, сооружали огромный павильон в виде шапки Мономаха. Над порталом Благовещенского собора натягивают балдахин из пурпурно-красного бархата.

В день своего рождения 6 мая 1896 года Государь Николай Второй с супругой прибыли в Москву и остановились в путевом Петровском дворце при тогдашнем въезде в первопрестольную, ныне — около станции метро «Динамо». Торжественный въезд Августейшей четы был 9 мая, на Николу Вешнего, в день памяти перенесения мощей святителя Николая в город Бари. Процессия растянулась на несколько километров между шпалерами элитных полков и толпами москвичей.

Государь ехал на белом арабском скакуне, традиционно подкованном серебряными подковами. За ним верхом следовали члены семьи Романовых, чины двора, генералы свиты, флигель-адъютанты. Все это грандиознейше сверкало, переливалось, пестрило, блистало мундирами, плюмажами, камзолами, оружием, кафтанами, эполетами, аксельбантами, позументами... Дамы всех рангов передвигались в каретах. В первой, золоченой с упряжкой четырех пар белых лошадей, была вдовствующая Императрица Мария Федоровна; за ней в точно такой — Александра Федоровна.

У Иверской часовни перед Красной площадью процессию встретили депутации земства и дворянства. В Иверской, Успенском и Архангельском соборах Кремля Государь и Государыня приложились к иконам и святым мощам. Потом они поднялись на Красное крыльцо и отвесили поясной поклон народу. Тысячи православных ответили ревом счастья и восхищения. И не переставая звонили и звонили колокола сотен московских храмов.

Церемония коронования состоялась 14 мая 1896 года. С раннего утра от ступеней Красного крыльца до паперти Успенского собора вытянулись рядами конногвардейцы. На особом возвышении расположились придворный оркестр и хор. Первой под балдахином по специально проложенному помосту в Успенский собор прошла Императрица Мария Федоровна. Затем этот путь коронующейся Императорской четы духовник Государя окропил святой водой.

Закладка храма в честь Всех Святых
в Бад-Хомбурге 4/16 октября 1896 года в присутствии
Государя Николая II и Государыни Александры Федоровны,
вдовствующей германской Императрицы Виктории,
Великой княгини Елизаветы Федоровны, Великого герцога
Гессен-Дармштадтского Эрнста Людвига

Запели трубы и ударили литавры перед Высочайшим шествием. Музыканты и хор начали торжественное произведение Чайковского «Фанфары». Первым с Красного крыльца в собор маршево зашагал взвод кавалергардов, за ними — пажи, длинная вереница представителей земств и городов...

Войска взяли на караул: выносили Императорские регалии. Впереди — два герольда и гренадер со знаменем, потом несли государственный меч, государственное знамя, печать, порфиру Императора и Императрицы, большую бриллиантовую цепь ордена святого апостола Андрея Первозванного, скипетр, державу и две короны Государя и Государыни.

Под государственный гимн, колокольный звон и нескончаемое «Ура!» шествовали под балдахином Государь Николай II и Александра Федоровна. На фоне герольдов, пажей, придворной знати в роскошных мундирах Николай Александрович скромно выглядел в полковничьей форме Лейб-Гвардии Преображенского полка с одним орденом Андрея Первозванного на Александровской ленте через плечо. На Александре Федоровне было надето придворное платье из серебряной парчи с жемчужными украшениями. Несколько тысяч роз, присланных с юга Франции, превратили кремлевскую площадь в клумбу.

На паперти Митрополит Московский Сергий во главе духовенства произнес напутствие:

— Благочестивый Государь! Настоящее Твое шествие, соединенное с необыкновенным великолепием, имеет цель необычайной важности. Ты вступаешь в это древнее святилище, чтобы возложить на себя Царский венец и воспринять священное миропомазание. Твой прародительский венец принадлежит Тебе Единому, как Царю Единодержавному, но миропомазания сподобляются все православные христиане, и оно не повторяемо. Если же предложить Тебе воспринять новых впечатлений этого таинства, то сему причина та, что как нет выше, так нет и труднее на земле Царской власти, нет бремени тяжелее Царского служения. Через помазание видимое да подастся Тебе невидимая сила свыше действующая, к возвышению Твоих Царских доблестей озаряющая Твою самодержавную деятельность ко благу и счастью Твоих верных поданных.

Митрополит Санкт-Петербургский и Ладожский Палладий поднес крест приложиться Государю и Государыне, а владыка Киевский окропил их святой водой. Императорская чета вошла в празднично украшенный храм под пение псалма «Милость и суд воспою Тебе, Господи». Здесь посередине на площадке, обтянутой малиновым плюшем, их ждали троны.

Государь Николай Александрович выбрал для своего коронования выложенный алмазами и драгоценными камнями трон основоположника Царско-Императорской династии Романовых Михаила Феодоровича, на котором тот венчался на царство в этом соборе в 1613 году. Для Александры Федоровны — слоновой кости трон супруги Царя Иоанна III, урожденной принцессы Софии Палеолог Византийской. Государь с Государыней трижды поклонились перед царскими вратами и приложились к иконам. Они опустились на троны, рядом с которыми было тронное кресло вдовствующей Императрицы Марии Федоровны.

Начиная трехчасовой обряд коронования, Государь Николай Второй громко и отчетливо прочитал Символ веры, осеняя себя крестным знамением. Далее хор пропел «Спаси, Господи, люди Твоя», было прочитано пророчество Исаии, послание святого апостола Павла. Митрополиты Санкт-Петербургский и Московский взошли на тронное место и надели на Императора порфиру и бриллиантовую Андреевскую цепь.

Митрополит Санкт-Петербургский Палладий благословил Государя, опустил ему на голову крестообразно руки и прочел особую молитву. Потом архиерей принял с бархатной подушки корону. В несколько килограммов весом, высокая, напоминающая епископскую мирту, она была с массивным бриллиантовым крестом, огромным рубином посередине и с 44-мя крупными, массой мелких алмазов, 38-ю розовыми жемчужинами. Митрополит передал корону Императору, и Царь стоя сам возложил себе венец на голову. Митрополит преподнес Государю скипетр и державу.

Императрица Александра Федоровна опустилась на колени перед севшим на трон супругом. Император Николай II снял с себя корону, коснулся ею головы Государыни. Потом он увенчал супругу малой короной из одних бриллиантов и надел на нее порфиру, обнял и поцеловал.

— Мно-огая ле-ета! — громово возгласил венчанным на царство Государю и Государыне протодиакон.

Императрица Мария Федоровна с поздравлениями обняла сына и невестку, за ней стали подходить с приветствиями члены Императорской фамилии. Возвещая о короновании, на Москве-реке ударили пушки, взмыл звон Ивана Великого и всех церквей московских. Государь стоял на коленях и читал молитву, прося Бога вразумить его на управление Россией по воле и заповедям Господним.

Митрополит Палладий совершает миропомазание Государя

Поднялся Император — все присутствующие в соборе опустились на колени. Митрополит Палладий от всего народа прочитал Молитву за Царя. «Тебе, Бога, хвалим» — запел хор гимн Господу.

В последующем чине Божественной литургии Митрополит совершил миропомазание Государя крестообразно по лбу, глазам, ноздрям, ушам, груди и рукам со словами:

— Печать дара Духа Святаго.

Государыне был помазан только лоб. Вновь ударили пушки и зазвонили колокола. Для принятия таинства Причастия Император Николай Второй был введен в алтарь, принял святое Причастие у Престола Господня.

Нововенчанные Император с Императрицей выходили из Успенского собора под гром пушек, колокольный трезвон, всеобщее ликование. Под плавно покачивающимся балдахином, блистая бриллиантами в своей короне, Александра Федоровна прошествовала за Государем в короне, держащим скипетр, державу в руках, на поклонение в Архангельский и Благовещенский соборы...

По всей России в этот день гудели колокола, именинником молился русский народ, благословляя молодого Царя. Государь потом отметил в дневнике:

«Все, что произошло в Успенском соборе, хотя и кажется настоящим сном, но не забывается во всю жизнь».

Государыня написала сестре Виктории:

«Служба меня совсем не утомила, скорее вдохновила сознанием того, что я вступаю в мистический брак с Россией. Теперь я действительно Царица».

Великий герцог Гессенский и Прирейнский Эрнст Людвиг оставил такие воспоминания:

«После коронации миропомазанные Величества все в серебре и золоте, украшенные сверкающими бриллиантами, в венцах поднимаются на высокую террасу дворца над спуском к Москва-реке, где сооружен помост. Там пара стоит совершенно одна на ярком солнце. Дух захватывает, когда миллионы людей опускаются на землю на обрывающемся до самой реки склоне и далее, на другом берегу, и к этим двум одиноким, стоящим на солнце, ослепительно сверкающим людям как гигантский вал взлетает бесконечное «Ура!». И при каждом их поклоне люди вновь опускались на колени. Мне это было хорошо видно, поскольку, хотя появляться на террасе запрещено, я подполз к ним на коленях и смог незаметно, под покровом коронационной мантии, созерцать величайшее зрелище в своей жизни».

Для обеденного застолья Царственной четы из хранилища доставили старинные столовые приборы, чаши, кубки, братины. Столы накрыли у Грановитой палаты, выходящей на соборную площадь Кремля. Под золоченым балдахином венценосцы с высокими гостями обедали черепаховым супом, пирогами, селедкой в раковом сосусе, говяжьим филе с овощами, закусками из рябчиков и гусиной печенки, индеек и цыплят, другой всякой всячины, бланк меню которой был памятно изукрашен художником Васнецовым. Хор и оркестр Императорских театров исполняли торжественную кантату композитора Глазунова.

Со времени прибытия Их Величеств на коронацию пять тысяч московских бедняков ежедневно бесплатно кормили в трапезных столичных монастырей. А в этот день для пятидесяти тысяч неимущих из Москвы, Петербурга, Киева, Варшавы и других имперских городов за счет Государя накрыли особые обеды.

В девять вечера венценосцы вышли на балкон кремлевского дворца. Александре Федоровне поднесли букет живых цветов. Только она его взяла — он вспыхнул скрытыми в нем электролампочками! И в тот же миг иллюминация воспламенила Кремль: пылали в газовых плошках зубцы стен, разноцветно сияли башни и особенно — несущаяся ввысь Ивановская колокольня... Изумрудно сверкала кровля Спасской башни, все ее архитектурные изыски оторачивали белые и красные огни, будто бриллиантами и алмазами... У Москвареки бил цветами радуги фонтан.

Вслед весь город загорелся иллюминацией! Деревья парков и садов были в разноцветном освещении, там волшебно царили причудливые арки и мосты. И над чудо-пожаром московских кварталов ослепительно парил храм Христа Спасителя. М. В. Нестеров потом это описывал «сказкой, сном наяву». Москвичи как зачарованные бродили по самоцветно блистающей столице. Все сверкало и переливалось алмазами, рубинами в раме тихой майской ночи. То и дело у людей конца XIX века от удивления захватывало дыхание: например, по кущам Александровского сада висели огненные цветы и плоды...

Несчастье случилось на тринадцатый день коронационных праздников 18 мая 1896 года за Тверской заставой на Ходынском поле — месте народных гуляний и смотров войск. Ныне это поле, раскинувшееся до Хорошевских улиц, отделяет от района станции метро «Аэропорт» Ленинградский проспект.

Решили традиционно раздавать бесплатные царские гостинцы, как и в коронацию Александра III, на восточной части Ходынки в один квадратный километр. В Александровские торжества там раскинули сотню раздаточных палаток, спокойно обслуживших около двухсот тысяч людей. Теперь выстроили 150 будок, буфетов для разлива вина, пива и десять павильонов, среди которых выше всех поднимался особый Императорский. Были устроены ипподром для джигитовки, две арены с трапециями для цирковых представлений, сколотили эстрады для артистических выступлений. В одной из театральных построек должны были разместиться дрессированные животные знаменитого Дурова.

В пакете с набором царских гостинцев находились памятная коронационная кружка: эмалированная, с позолотой, с русским гербом и вензелями Их Величеств, — а также большой пряник, кусок колбасы и сайка.

Еще 17 мая вечером на Ходынку прибыло не менее полумиллиона человек, среди них много женщин и детей, поверивших слухам, что будут давать и деньги. До полуночи они посиживали у костров, запевали, плясали и выпивали. Потом стали поговаривать, будто распорядители уже начали раздавать «своим» и на всех не хватит. Толпы взволновались и пошли на палатки, которые обступили плотными кольцами.

На рассвете ходынцы окончательно возбудились. Они смели две сотни полицейских, пытавшихся навести порядок, и начали безудержно давиться. Задние ряды напирали на передние, те падали. Раздатчики гостинцев, чтобы успокоить народ, начали выбрасывать пакеты с подарками в людское море. Один из них потом на следствии рассказывал:

— Я выглянул из будки и увидел, что в том месте, где ждала публика раздачи, лежат люди на земле один на другом, и по ним идет народ к буфетам. Люди эти лежали как-то странно, точно их целым рядом повалило. Часто тело одного покрывало часть тела другого — рядышком. Видел я такой ряд мертвых людей на протяжении 15 аршин. Лежали они головами к будке, а ногами к шоссе.

К семи часам утра 18 мая 1282 человека погибло в давке и несколько сот было ранено. Прибыли полицейские подкрепления, рассеявшие оравы. Государь Николай получил доклад о происшедшем в девять тридцать утра. Он был потрясен, но в полдень вместе с Императрицей поехал на Ходынку.

Навстречу Царственной чете двигались подводы с рогожами, под которыми лежали трупы. Государь вышел из кареты, подошел к ним, расспрашивал возчиков... А на Ходынском поле уже гуляли во всю ивановскую: реяли флаги, уцелевшая толпа как ни чем не бывало при виде Царя радостно ревела «Ура!», оркестры беспрерывно наигрывали гимны. Венценосцы вскоре отбыли отсюда в Петровский дворец на встречу с депутациями.

На следующий день Император и Императрица плакали во дворцовой церкви на заупокойной литургии и литии по погибшим на Ходынском поле. Потом и в следующие дни они ездили по больницам, беседуя с пострадавшими. Многие из них просили Царя простить, что испортили «такой праздник». Похоронили жертв Ходынки за государственный счет, для осиротевших детей учредили приют. Каждой семье погибших Государь выделил из личных средств по тысяче рублей.

В русском храме Всех Святых Бад-Хомбурга до сих пор хранится гарнитур из маленькой кирки, лопатки и пера с белыми ручками и никелированными металлическими частями, употребленный Государем Императором Николаем Вторым при закладке этой церкви в 1896 году, как памятной и о счастливом, и о горьком его короновании.

Бад-Хомбургские целебные источники издавна популярны по всему миру, а число приезжавших сюда русских в иные курортные сезоны достигало свыше полутора тысячи из общего количества пятнадцати тысяч иностранцев, предпочитавших для поправки здоровья именно здешние воды. Из выдающихся людей России эти места посещали И. С. Тургенев, Ф. М. Достоевский, графы Витте, Киселевы. Православную церковь начали строить тут русские старожилы А. И. Проворов, В. А. Ратьков-Рожнов, А. Г. Елисеев, Н. Н. Брусницын, А. Н. Богданов.

Лопатка, кирка и перо, употребленные Государем Николаем Вторым при закладке Бад-Хомбургского храма

Создавался храм по проекту академика архитектуры Л. Н. Бенуа (1856–1928), брата художника и искусствоведа А. Н. Бенуа, а младшая дочь архитектора Надежда является матерью известного английского актера Питера Устинова. Действительный член Академии художеств, профессор, руководитель архитектурной мастерской Л. Н. Бенуа в императорской России участвовал в конкурсе на проект «Храма на крови», перестроил здание Певческой капеллы в Петербурге, построил там ипподром, возводил жилые дома, в имении Нечаева-Мальцева воздвиг храм. Кроме русских церквей в Германии (1897–1899), по его проекту был построен в 1900-е годы православный собор в Варшаве.

В Бад-Хомбурге непосредственно руководил церковной стройкой местный архитектор, королевский строительный советник Якоби. Она длилась почти три года на безвозмездно отведенной городским управлением земле в парке, расположенном в десяти минутах ходьбы от вокзала.

Освящен был храм во имя Всех Святых 22 сентября 1899 года в присутствии вдовствующей Германской Императрицы Виктории, русских попечителей, городского головы Тетенборна и многочисленных гостей. Он был приписан к Берлинской посольской церкви, настоятелем которой служил широко тогда известный переводами православных богослужебных книг на немецкий язык протоиерей Алексей Мальцев. Обслуживать бад-хомбургскую церковь стал иеромонах Амвросий фон Тидэбэль. Он являлся сыном героя Севастопольской обороны Сигизмунда фон Тидэбэля, адъютанта графа Тотлебена, и был полковником гвардии, принявшим Православие и монашество.

Главного храмосозидателя А. И. Проворова управление Бад-Хомбурга избрало своим почетным гражданином и даже назвало его именем одну из городских улиц — «Проворофштрассе», как уже было с другим нашим знаменитым здесь соотечественником графом Киселевым, увековеченным «Киселефштрассе». По завещанию А. И. Проворова из оставленной им после смерти в 1902 году денежной суммы выделялась плата церковному служителю, храм ремонтировался. Для его поддержания, отправления богослужений здесь было устроено церковное попечительство.

Эта каменная церковь с золочеными куполом и крестом была снабжена богатой утварью, прекрасными иконами. В 1910 году Государь Николай Второй, будучи в Бад-Хомбурге с дочерьми, Великими княжнами Ольгой и Татьяной, присутствовал в ней на богослужении 5 и 26 сентября, о чем можно прочитать на мраморной доске внутри здания, помещенной справа под иконой преподобного Серафима, Саровского чудотворца.

В 1914 году священником этого храма был будущий Митрополит РПЦЗ Берлинский и Германский Серафим (Лядэ). После начала Первой мировой войны русская церковь в Бад-Хомбурге была закрыта, вся ценная утварь исчезла, позолоту с купола и креста местные власти сняли, а иконостас резного дуба с иконами дивной живописи отсюда попал в городской музей.

Долгие десятилетия храм Всех Святых был на немецкой земле забыт. Лишь после Второй мировой войны в 1945 году благодаря протоиерею Леониду Касперскому он возродился. Церковь была отчищена, иконостас из музея водружен на прежнее место, начались регулярные богослужения. 29 сентября 1949 года состоялось великое торжество — празднование полувекового юбилея существования бад-хомбургского храма Всех Святых. Торжественные богослужения возглавил Митрополит Серафим с архимандритом Филофеем и многочисленным духовенством РПЦЗ при огромной стечении православных Русского Зарубежья. Тогда благодаря здешнему настоятелю протоиерею Евгению Селецкому храм был приведен в полный порядок при помощи немецких властей.

Ныне настоятелем церкви Всех Святых РПЦЗ в Бад-Хомбурге служит отец Димитрий, граф Игнатьев. Архитектура храма во многом родственна русской церкви в Дармштадте,

Государь Николай Второй и Великие княжны Ольга и Татьяна Николаевны в Бад-Хомбурге в 1910 году

потому что и ту проектировал Л. Н. Бенуа, потому что и та крепко связана с памятью о наших Царственных Мучениках.

Русский православный **храм во имя Святой Равноапостольной Марии Магдалины** в Дармштадте построен по почину и на средства Государя Императора Николая Второго. Дело в том, что этот город был столицей Великого герцогства Гессен-Дармштадтского и родиной Августейшей супруги Государя Александры Федоровны, урожденной принцессы Алисы Гессен-Дармштадтской. Кроме того, Дармштадт дал России супругу Государя Императора Александра Второго Марию Александровну, урожденную принцессу Марию Гессен-Дармштадтскую, и супругу Великого князя Сергея Александровича Елизавету Федоровну, урожденную принцессу Елизавету Гессен-Дармштадтскую, святую мученицу Российскую.

Родилась будущая супруга Государя Николая II российская Императрица Александра Федоровна в Дармштадте 6 июня 1872 года в семье Великого герцога Гессен-Дармштадтского Людвига IV и дочери царствующей английской королевы Виктории Великой герцогини Алисы. Девочку назвали Алисой в честь матери, но вскоре переделали это имя в «Аликс». У нее было два старших брата, три старших сестры и одна младшая.

Стараниями англичанки-герцогини дворцовая дармштадтская жизнь развивалась по образцу английского двора, начиная с длинной вереницы в залах фамильных портретов королевской английской династии и кончая овсянкой на завтрак, вареным мясом с картошкой на обед и «бесконечным рядом рисовых пудингов и печеных яблок». Религиозная Великая герцогиня Алиса была вдохновительницей и учредительницей в стране больниц, благотворительных организаций, отделений Красного Креста, женских союзов. Она с раннего возраста брала своих детей для помощи больным в дармштадтские больницы и приюты.

Аликс, не уставшая носить цветы по больницам, походила своей красотой на ее сестру Елизавету: сероглазая с черными ресницами, рыжеватыми волосами. Эту «милую, веселую маленькую девочку, всегда смеющуюся, с ямочкой

*Храм во имя Святой Равноапостольной Марии Магдалины
в Дармштадте*

на щеке» в семье еще называли «солнышком», как она и будет подписывать свои письма потом супругу Государю Николаю Александровичу. Беда, что ее 35-летняя мать умерла, когда Аликс было всего шесть лет.

Сначала у девочки была гувернантка, потом ее воспитанием занималась лично знавшая Гете Анна Текстон, позже — высокообразованная и культурная англичанка Маргарет Джексон. С 1880 года у восьмилетней Аликс начались школьные занятия.

Ярчайшим событием в герцогской семье в 1884 году стало замужество принцессы Елизаветы с братом русского Императора Александра Третьего Великим князем Сергеем Александровичем. Вместе с родными 12-летняя Аликс сопровождала Елизавету на свадьбу в Петербург. Юную Аликс поразила необъятность России, нескончаемо проплывавшей мимо окон их поезда. На каждой станции немецких гостей приветствовали местные жители.

Перед свадьбой родственников невесты разместили в Петергофском дворце. Здесь Аликс и Наследник Российского престола Цесаревич Николай впервые увидели друг друга, сразу между ними словно родилось что-то неведомое. В церкви на венчании Елизаветы и Великого князя Сергея 16-летний Николай и Аликс не отрывали друг от друга глаз, потом Николай осмелился подарить принцессе брошь. Она несколько дней раздумывала и наконец вернула Цесаревичу его подарок, застеснявшись. Принцессу нередко подводила неуверенность в себе, поэтому, например, превосходно игравшая на фортепьяно Аликс так жалко выглядела, когда ее бабушка королева Виктория заставляла внучку играть перед гостями в Виндзоре. Лицо Аликс покрывалось пятнами, пальцы начинали «прилипать» к клавишам.

В 15 лет по своей усидчивости и хорошей памяти Аликс отменно знала историю, литературу, географию, искусствоведение, естественные науки и математику. Основным языком для этой германской принцессы был английский, на котором она, например, как «легкое чтение» осваивала «Потерянный рай» Мильтона, и, конечно, отлично владела немецким; на французском же говорила с акцентом. Аликс стала блестящей пианисткой, чему ее учил директор Дармштадтской оперы, и больше всего любила музыку Вагнера. Она прекрасно вышивала, с тонким вкусом подбирая для этого рисунки и цвета. Друзья Герцогского Дома сочувственно качали головами: такой умнице и красавице от застенчивости бы избавиться...

В 1888 году вслед за старшими сестрами Аликс Викторией (бракосочетание с принцем Луи Баттенбергским) и Елизаветой вышла замуж третья дочь Великого герцога Людвига Ирена — за своего кузена принца Генриха Прусского. На этой свадьбе во дворце невдалеке от Берлина многие гости с восхищением разглядывали высокую, стройную 16-летнюю Аликс и отмечали печаль в выражении ее прекрасных глаз и губ.

Четвертая герцогская дочь Аликс стала похожа на прежнее «солнышко» через несколько месяцев, когда вместе с братом Эрнестом и отцом приехала погостить у сестры Елизаветы в Петербурге. Они остановились на Невском проспекте в доме принцессы Елизаветы, прозванной в Дармштадте Эллой, а теперь — Великой княгини Елизаветы Федоровны. Сюда к «тете Элле», «тетеньке» без церемоний часто заезжал Цесаревич Николай. Елизавета Федоровна являлась веселой, остроумной хозяйкой дома, в котором царили приемы и балы.

Была раскидистая русская зима 1889 года, Аликс как могла преодолевала стеснительность и не отставала в развлечениях петербургской великосветской молодежи: ходила на каток, каталась на санках с горки. Цесаревич очень увлекся ею, и принцесса его полюбила, хотя ни за что не призналась бы в этом тогда и самой себе. Но лишь с Николаем Романовым она была естественна, могла свободно разговаривать и смеяться. Вернувшись домой, Аликс поняла, что только за русского Царевича выйдет замуж. Они стали писать друг другу нежные письма.

В Дармштадте после замужества троих старших дочерей Великого герцога Аликс стала первой дамой. Как хозяйка дома, она восседала рядом с Людвигом IV в официальных застольях, сопровождала отца в многочисленных поездках по стране, ревностно посещала школы и госпитали. Под диктатом придворного этикета Аликс почти всегда выглядела очень серьезной, страдая за свою скованность.

В 1890 году принцессе снова удалось расслабиться, опять поехав с братом Эрнестом и отцом в Россию. На этот раз они остановились в Ильинском — подмосковном имении Елизаветы Федоровны и Сергея Александровича. Весьма жаль девушке было, что не увидела Цесаревича, путешествовавшего тогда за границей. О том, что они превосходная пара, уже поговаривали в России и Германии.

Весной 1891 года Великий герцог Гессен-Дармштадтский был потрясен поступком его дочки Эллы в России. Она перешла в Православие, хотя для нее как супруги русского Великого князя это и не было необходимостью! Выяснилось, что бывшая принцесса, став русской Великой княгиней, лелеяла мечту быть православной. Елизавета Федоровна долго опасалась огорчить своих родственников-протестантов, но окончательно решилась после того, как в 1888 году вместе с мужем побывала на Святой Земле на освящении храма во имя Святой Марии Магдалины в Гефсимании.

Елизавета Федоровна написала обо всем отцу в Дармштадт, добавив, что и Аликс придется стать православной, если она выйдет замуж за Наследника русского престола. Герцог Людвиг необычайно разволновался, переживая сразу за двоих дочерей, и писал старшей в Россию:

«Дорогая Элла,
Твое сообщение принесло мне большую боль, так как я не понимаю необходимости этого шага... Я должен винить себя, что не предвидел этого раньше... Ты знаешь, что я против строгости и фанатизма, и сознаю, что каждый может быть религиозным в своей вере. Но я так страдал несколько ночей... когда ты сообщила и о возможном обращении Аликс... Ты не можешь себе представить, как я себя чувствовал... Я знаю, что уговаривание и споры не изменят твоего мнения... Обдумай это серьезно!.. Боже мой! Что здесь можно сказать!.. Это мучает меня так сильно».

Аликс не виделась с Николаем Александровичем после 1889 года, но у них продолжалась оживленная переписка.

Внутреннее убранство храма Святой Марии Магдалины

6   Храм на чужбине

Они признались в глубоком взаимном чувстве, мечтали о дне, когда соединятся навеки. Однако королева Виктория мечтала сделать эту свою внучку тоже королевой английской. Она стала сватать Аликс за своего внука принца Альберта Кларенского. Дармштадтская принцесса терпеть его не могла за безбожие, неказистую внешность. Альберт и сравниться не мог с умнейшим, изящным, духовным, чувствительным русским Цесаревичем! Когда королева Виктория предложила ей замужество с принцем, Аликс категорически это отвергла. Она выпалила огорченной бабушке, что их брак не принесет счастья ни ей, ни Альберту. И пришлось королеве отступить.

В 1892 году Великий герцог Людвиг IV скончался. Аликс совсем осиротела, внезапно растеряв былую выдержку и мужество. Она продолжала исполнять роль хозяйки дармштадтского дворца, но все валилось у нее из рук, Аликс заболела. Ее брат, ставший Великим герцогом Гессенским и Прирейнским Эрнстом Людвигом, который будущее венчание на русское царство своей сестры станет наблюдать «под покровом коронационной мантии», повез девушку для поправки здоровья в Италию. Там было много солнца и великосветских молодых людей со всей Европы, но принцесса думала только о Царевиче.

Все эти годы мечтал повести под венец Аликс и Николай Романов, но и его родители, как бабушка Аликс Гессенской, хотели бракосочетать сына с другим человеком. Государь Александр Третий с супругой Марией Федоровной противились союзу наследника с принцессой из Дармштадта, потому что знали о неизлечимой аристократической болезни несворачиваемости «голубой» крови — гемофилии, преследующей ее род Кобургского дома.

Это «проклятие Кобургов» существовало с XVIII века, болезнь перешла в английскую королевскую фамилию через мать королевы Виктории — принцессу Саксен-Кобургскую. Причем заболевали гемофилией мальчики, а переходила она по женской линии. От этого умер сын королевы Виктории Леопольд, а королевские дочери Беатриса, Виктория и мать Аликс Алиса должны были передать болезнь своим детям. То есть возможная невеста Цесаревича Николая Аликс была обречена на то, что родившиеся от нее мальчики «приговорены» к гемофилии, от которой не выздоравливают. Так и станется с их будущим сыном, со следующим Наследником русского престола Алексеем. Но станется и то, что лишь в России будет дан юному Цесаревичу человек, способный унимать «несворачиваемые» приступы гемофилии, — Григорий Распутин...

Вот поэтому Государь Александр Третий и Государыня бесперебойно подыскивали сыну Ники другую невесту. Попытались сосватать дочь претендента на французский престол из Бурбонов Елену, чтобы закрепить союз с Францией. Но на счастье Царевича, воображавшего на все случаи своей жизни лишь Аликс Гессен-Дармштадтскую, Елена отказалась изменить католицизму и перейти в Православие. Тогда русский Царь постарался получить для сына руку принцессы Маргариты Прусской. Цесаревич наотрез отказался на ней жениться, заявив родителям, что лучше пойдет в монастырь. И тут ему снова повезло: Маргарита, как и Елена до этого, не захотела изменить своей протестантской вере.

Оставалась принцесса Гессенская, но Государь Александр III стал настаивать на том, что Аликс, как и другие принцессы, не согласится переменить свою веру. Николай просил отпустить его в Дармштадт на переговоры с нею, отец не соглашался на это до 1894 года, пока не заболел.

Император в свои 49 лет продолжал выглядеть крепышом, но, очевидно, начали сказываться последствия его героического поступка в 1888 году при крушении царского поезда под Харьковом. Тогда силач Государь держал на плечах крышу вагона, пока его семья выбиралась из-под обломков.

Случай попросить руки Аликс представился Николаю Александровичу при женитьбе ее брата Великого герцога Эрнеста Людвига на принцессе Виктории Мелите. Бракосочетание было в Кобурге, где Аликс встретилась с российским Цесаревичем впервые после 1889 года. Он сделал ей предложение. Но случилось то, что предполагал отец, о преодолении чего Николай Александрович молился последние пять лет их разлуки: Аликс не хотела переходить в Православие.

На пламенные уговоры Николая Романова принцесса плакала и повторяла, что не в состоянии отказаться от своей религии. Королева Виктория, видя, что внучка может остаться совсем не у дел, стала тоже безуспешно ее убеждать принять русскую веру.

Лишь у Эллы, Великой княгини Елизаветы Федоровны, начало это получаться. Будучи старше Аликс на восемь лет, она вместе с сестрой Викторией после смерти их матери пыталась заменить младшей умершую. Елизавета Федоровна очень хотела быть вместе с Аликс в России. Великая княгиня хорошо знала Цесаревича Ники, любила его и была уверена: этот брак будет счастлив.

Елизавета Федоровна убедила сестру. На следующий день после предложения Наследника русского престола Аликс дала согласие вступить с ним в брак. 8 апреля 1894 года было официально объявлено об их помолвке и посыпались на обрученных поздравления. Потом невеста Алиса Гессен-Дармштадтская поехала в Лондон, где ее уже ждал посланный Государем Александром III русский священник, который должен был наставить принцессу в православном вероучении и подготовить девушку к его принятию.

В октябре 1894 года Аликс срочно вызвали в Россию: Государь Александр Третий тяжело заболел. В Ливадии, где Царь лечился, собралась вся романовская семья, готовились к самому худшему. Несмотря на скверное самочувствие, Александр Александрович поднялся с постели и надел мундир, чтобы встретить невесту сына.

Государь Император Александр III скончался 20 октября 1894 года. В тот же день принял престол Николай Александрович, а на следующий день 21 октября его невеста принцесса Гессен-Дармштадтская Алиса присоединилась к Православию и стала называться Александрой Федоровной. 14 ноября 1894 года состоялось бракосочетание Государя Императора Николая II с Александрой Федоровной, после которого она написала в дневник мужу:

«Никогда бы не поверила, что может быть такая полнота счастья в этом мире — такое чувство единения двух смертных существ. Мы не различимся более. Наконец-то мы вместе, и наши жизни связаны до конца, а когда эта жизнь кончится, то в другом мире мы встретимся снова, и уже не различимся вовеки».

В Дармштадте русская церковь Святой Равноапостольной Марии Магдалины царит над этим городом с верхушки горы Матхильдхойе. Здесь же с 1901—1908 годов Великий герцог устроил колонию художников, и высокая башня в стиле арт-деко, которая стоит и поныне, наверное, не просто так названа Башней молодоженов; хотелось бы добавить — «Царственных молодоженов».

В 1897 году здесь инициатором закладки краеугольного камня православного храма Святой Марии Магдалины стал Государь Император Николай Второй. На этой торжественной церемонии Государь и Александра Федоровна были «неразлучны» уже три года.

Император захотел, чтобы храм стоял на русской земле. И тогда товарными вагонами повезли в Дармштадт земельку, взятую с разных концов Руси. Насыпали ею на немецкой горе добавочный холм, и стали на нем возводить церковь. Такой опыт уже был в германских пенатах с одноименным храмом — Святой Равноапостольной Марии Магдалины в Веймаре, строившимся в 1860—1862 годах. Там по православному обряду завещала похоронить себя дочь Императора Павла Первого Мария Павловна, прожившая в Веймаре замужем за герцогом Карлом Фридрихом 55 лет. Тогда за неимением еще железной дороги землю из России доставили в Веймар на шестидесяти огромных подводах.

Дармштадскую церковь Марии Магдалины возводили по проекту академика Л. Н. Бенуа, трудившегося до этого над русским храмом в Бад-Хомбурге. Его новая работа в Дармштадте была так удачна, что Бенуа удостоился в России звания придворного архитектора. Храм освящали 26 сентября 1899 года в память Августейшей бабушки царя — Императрицы Марии Александровны в присутствии Государя Николая Александровича и Государыни Александры Федоровны.

Внешнюю и внутреннюю отделку церкви закончили в 1903 году, когда здесь снова побывали Их Величества Император и Императрица Российские; Царственная чета посетила дармштадтский православный храм также в 1910 году.

Для украшения храма были привлечены художники В. М. Васнецов и Т. А. фон Нефф. Васнецовское мозаичное

Фронтон храма Святой Марии Магдалины

изображение святой равноапостольной Марии Магдалины во весь рост помещено на фронтоне, а над входом в церковь — изображение святой равноапостольной Великой княгини Ольги его же работы, исполненной в Петербурге на пластинах. Купола храма и кресты на них позолочены.

Мрамор для внутреннего украшения храма привезли с Кавказа. Над алтарем в нише — изображение Богородицы с Иисусом Христом на руках, это копия мозаики храма Святого Князя Владимира в Киеве. Петербургские художники Перминов и Кузик сделали тут фрески по эскизам Васнецова. Великая княгиня Мария Александровна, герцогиня Саксен-Кобург-Готская подарила церкви резной из дуба иконостас с иконами работы Неффа, дубовую резную плащаницу, бронзовое золоченое паникадило и две серебряные кованые хоругви. Богатую утварь преподнесли храму Государь Николай Второй и Государыня Александра Федоровна.

Самой драгоценной иконой здесь считается образ Казанской Богоматери. Сестра Аликс Гессен-Дармштадтской, ставшей Александрой Федоровной, Элла Гессен-Дармштадтская, ставшая Елизаветой Федоровной, подарила эту икону монаху Серафиму. После убиения ее большевиками в Алапаевске инок Серафим сумел переправить гроб с останками святой мученицы Российской Великой княгини Елисаветы Феодоровны в Шанхай, а оттуда — на Святую Землю в русский храм во имя Святой Равноапостольной Марии Магдалины, что высится в Гефсиманском саду.

В Гефсимании монах Серафим всю свою оставшуюся жизнь ухаживал за саркофагом святой Елисаветы Феодоровны, когда незадолго до его смерти в 1959 году вручил дареную мученицей ему икону Казанской Богоматери шведской королеве Луизе. Королева передала образ принцу Людовику Гессенскому, который наконец и водворил икону «от святой Елисаветы» в храм Марии Магдалины в Дармштадте, где Елизавета-Элла родилась. О печальной и прекрасной судьбе этой немецкой принцессы и русской Великой княгини речь пойдет в одном из следующих очерков о наших храмах на Святой Земле.

Храм во имя Святого Архистратига Михаила в Каннах

«РУССКАЯ» РИВЬЕРА

Ривьерой называется побережье Средиземного моря, простирающееся от города Канн (Канна) во Франции до порта Специя в Италии. Французская часть Ривьеры также известна как Лазурный берег, а «русской» эту благодатнейшую курортную и лечебную зону можно поименовать, потому что со второй половины XIX века ее начали в широчайших празднествах обживать «старые русские», ныне продолжили — новые русские богачи.

Правда, полтора столетия назад на Ривьере члены Царской семьи, Великие князья, русская аристократия покупали и строили роскошные виллы не только для развлечений, а и для серьезного лечения еще не побежденного тогда туберкулеза, в надежде на исцеление. Для менее состоятельных больных этим нередко скоротечно убивающим заболеванием здесь выросла целая сеть санаториев, с прокладкой железных дорог также быстро появились разнообразные отели и пансионы.

Если на «воды» в Германию прибывали из России люди с недомоганиями, общими расстройствами здоровья, то на Лазурном берегу, цепляясь за соломинку, оказывалось немало обреченных на гибель столь «популярной» на Руси чахоткой. Многие умирали во цвете лет, отчего росли местные кладбища, а над ними царили наши златоглавые церкви.

Выдающимся **храмом во имя Святого Архистратига Божия Михаила** в Каннах, начальном городе Ривьеры, и знаменуется «русско-французский» Лазурный берег. Возведение его связано с энтузиазмом постоянной жительницы Канн, русской супруги местного землевладельца Александры Федоровны Трипе, урожденной Скрипицыной. Еще в 1886 году при своей вилле «Александра» она устроила домовую церковь десятка на три человек, служить в которую время от времени приезжали священники из действовавшего в Ницце православного храма.

Богослужения в домовом храме А. Ф. Трипе-Скрипицыной стали регулярны в 1889 году с приездом в Канны Великой княгини Анастасии Михайловны за счет их проведения ее придворным Шверинским причтом. Но церковь при вилле вскоре перестала вмещать всех прихожан из быстро растущей здешней русской колонии. Тогда в 1893 году духовник Великой княгини Анастасии Михайловны протоиерей Григорий Остроумов обратился к проживавшему уже несколько сезонов в Каннах Великому князю Михаилу Михайловичу с просьбой о содействии построить тут храм.

Так по председательством Великого князя Михаила Михайловича начал работать строительный комитет, куда вошли князь С. М. Голицын, князь Ю. Д. Урусов, К. С. Сильванский, Ф. П. Чихачев, С. М. Волков, А. Г. Кузнецов. Они внесли крупные денежные вклады и обязались в течение десяти лет делать взносы на содержание новой церкви. А. Ф. Трипе-Скрипицына подарила под нее участок земли в 1 750 квадратных метров в одном из лучших кварталов города. С благословения Митрополита Санкт-Петербургского и Ладожского Палладия отец Григорий Остроумов вел сбор средств среди проживающих здесь русских. Через два месяца Комитет уже располагал суммой в 60 000 франков, и 23 апреля 1894 года была совершена закладка будущего храма Святого Михаила Архангела.

С началом строительства начали поступать пожертвования для церковного устройства и украшения. Великий князь Михаил Михайлович, в честь небесного покровителя которого возводился храм, преподнес сребровызлащенные массивные священные сосуды, такого же качества Евангелие и напрестольный крест, перламутровый запрестольный крест ажурной работы, серебряное кадило. Супруг Великой княгини Анастасии Михайловны Великий герцог Мекленбург-Шверинский Фридрих Франц III подарил малинового бархата, шитые золотом хоругви; семь икон, писанных на кипарисе, со сребровызлащенной эмалированной лампадой и художественной работы ажурную металлическую с позолотой дверь, отделяющую алтарь от исповедальни.

Великий князь Сергей Михайлович пожертвовал металлическую церковную ограду. Князь С. М. Голицын дал на главу храма позолоченный ажурный крест и две иконы старинной итальянской живописи в чудных киотах: Спасителя и Божией Матери. Ф. В. и Л. П. Чихачевы — мраморный иконостас со всеми для него иконами; прекрасную икону-картину письма знаменитого французского художника Лемотта, изображающую Божию Матерь с Предвечным, благословляющим Младенцем на руках, имеющую в молитвенной позе коленопреклоненных с правой стороны святого равноапостольного Великого князя Владимира, с левой — святую равноапостольную Великую княгиню Ольгу, окруженных сонмом ангелов. Эта икона расположилась в новом храме над горним местом и стала его лучшим украшением.

Внутреннее убранство Михаило-Архангельского храма

Кроме того, Ф. В. и Л. П. Чихачевы преподнесли две массивные позолоченные люстры и такие же паникадила, семь сребровызлащенных лампад, шитую золотом по малиновому бархату плащаницу, позолоченную купель, художественной работы позолоченный запрестольный крест и запрестольный образ Христа Спасителя в великолепном киоте. К. С. Сильванский дал на величину храма дорогой ковер, М. П. Арнольди — церковные облачения кованого серебра. Почетный потомственный гражданин Канн И. И. Елагин пожертвовал золотые церковные облачения, а в 1896 году он на свои средства построит рядом с храмом колокольню с семью колоколами. Многое поступило от других русских: и возду́хи, и вышитый шелком покров надгробный, канделябры, облачения на престол... Эти превосходные дары достойны подробного перечисления, кое-что уцелело в Каннах и поныне.

Так что ко дню освящения храм имел абсолютно всё для богослужений. Строил его под неусыпным наблюдением отца Григория французский архитектор Нуво так успешно, что уже в начале ноября 1894 года церковь на 400 человек была

Михаило-Архангельский храм с бульвара

завершена, а 22 ноября освящена протоиереем Григорием Остроумовым при сослужении Ниццкого, Ментонского, греческого Марсельского причтов. Городской муниципалитет, присутствовавший на торжестве в полном составе, преподнес свое постановление о переименовании бульвара, на котором вырос русский Михаило-Архангельский храм, в бульвар российского Императора Александра III.

В истории находящегося в ведении РПЦЗ каннского храма Святого Михаила Архангела, кроме его пламенного основателя отца Григория Остроумова, нужно отметить и отца Игоря Дулгова, будущего архиепископа Брюссельского и Западно-Европейского Серафима, служившего здесь настоятелем в 1960-х годах. Ныне это резиденция архиепископа Каннского и Европейского Варнавы (Прокофьева).

Помимо создания большим содружеством русских в Зарубежье, храм этот замечателен и памятными гробницами. Под церковью находится обширный склеп. В нем похоронен протоиерей Григорий Остроумов с матушкой. Тут и гробница князя П. А. Ольденбургского, он умер в 1924 году. В одной из ниш — саркофаг адъютанта Государя Императора Николая II Великого князя Петра Николаевича, скончавшегося в 1931 году, и его супруги Милицы Николаевны, дочери черногорского короля Николая I, умершей в 1951 году.

В другой нише покоятся останки Великого князя Николая Николаевича, скончавшегося в 1929 году, и его жены, тоже дочери черногорского короля Николая I Анастасии Николаевны, умершей в 1935 году. О Великом князе Николае Николаевиче Романове, сыгравшем большую роль в предреволюционной России и Русском Зарубежье после Гражданской войны, надо рассказать поподробнее.

Великий князь Николай Николаевич родился в 1856 году в Санкт-Петербурге, и для отличия от его отца, тоже Великого князя Николая Николаевича (1831–1891), Старшего, третьего сына Императора Николая I, называется в литературе Младшим. Он окончил в 1873 году Николаевское инженерное училище и в 1876 году — Академию Генерального штаба. Во время русско-турецкой войны 1877–1878 годов состоял для особых поручений при своем отце генерале-фельдмаршале, Главнокомандующем Дунайской армией. Затем, дослужившись до генерал-адъютанта, Великий князь Николай Николаевич Младший командовал Лейб-Гвардии Гусарским полком. В 1895–1905 годах был инспектором кавалерии, получив в 1901 году звание генерала от кавалерии.

В 1905–1914 годах Великий князь Николай Николаевич стал командующим войсками гвардии и одновременно с 1905 по 1908 год — председателем Совета государственной обороны. На Первой мировой войне с июля 1914 года по август 1915 года являлся Верховным Главнокомандующим Русской Императорской армией. После занятия этого поста Государем Императором Николаем Вторым Великий князь Николай Николаевич с августа 1915 года по март 1917 года был главкомом войск Кавказского фронта. 2 марта 1917 года Государь Николай II отрекся от престола, снова назначив Николая Николаевича главковерхом, но тот под давлением Советов и Временного правительства отказался от этой должности.

Великий князь Николай Николаевич в марте 1919 года эмигрировал из Крыма в Италию, затем переехал во Францию, на юге которой жил до своей кончины в Антибе 5 января 1929 года. В свой зарубежный период жизни Николай Николаевич Романов был своеобразным Императорским «знаменем» русской эмиграции, символом старой российской армии и пользовался огромным авторитетом у кадровых военных.

В 1924 году Главнокомандующий Белой Русской Армией на чужбине генерал-лейтенант барон П. Н. Врангель создал Русский Обще-Воинский Союз (РОВС), который явился стержнем русской политэмиграции и объединил около тридцати тысяч бывших белых воинов. Оставаясь главкомом Русской Армии, Председателем РОВСа, генерал Врангель передал права Верховного Главнокомандующего Русской Армией Великому князю Николаю Николаевичу во многом и потому, что в это время находящийся в эмиграции Великий князь Кирилл Владимирович самозванно провозгласил себя «Императором Всероссийским». На этом посту Николай Николаевич пребывал и после кончины П. Н. Врангеля в апреле 1928 года до самой своей смерти.

Что представлял из себя этот человек, офицер, государственный деятель, аристократ? Приведем мнения людей, хорошо знавших Великого князя Николая Николаевича, из их мемуаров.

Российский министр путей сообщения, затем министр финансов (1892), председатель Комитета министров (1903), председатель Совета Министров (1905–1906) граф С. Ю. Витте:

«Вообще Николай Николаевич человек безусловно не глупый, но унаследовавший в полном объеме психическую ненормальность своего прадеда Императора Павла. И по мере того как он мужал, эта психическая анормальность все более и более проявлялась и наконец проявилась с особой силой... во время так называемой революции (1905 года. — *В. Ч.-Г.*) и в последующих событиях. Эта его ненормальность имела крайне пагубное влияние на некоторые государственные дела и весьма рельефно проявилась в различных семейных отношениях в Царской семье...

Саркофаг Великого князя Николая Николаевича

Великий князь
Николай Николаевич

Другое лицо, которое во время моего министерства имело громадное влияние на Государя, был Великий князь Николай Николаевич. Влияние это было связано с особыми мистическими недугами, которыми заразила Государя его Августейшая супруга и которыми давно страдал Великий князь Николай Николаевич. Он был один из главных, если не главнейший, инициаторов того ненормального настроения православного язычества, искания чудесного, на котором, по-видимому, свихнулись в высших сферах (история француза Филиппа, Сормовского, Распутина-Новых; все это фрукты одного и того же дерева). Сказать, чтобы он был умалишенный, — нельзя; чтобы он был ненормальный в обыкновенном смысле этого слова, — тоже нельзя, но сказать, чтобы он был здравый в уме, — тоже нельзя; он был тронут, как вся порода людей, занимающаяся и верующая в столоверчение и тому подобное шарлатанство. К тому же Великий князь по натуре человек довольно ограниченный и малокультурный».

Военный министр российского правительства (1905–1909) А. Ф. Редигер:

«Мне остается... дополнить изложение событий 1905 года характеристикой некоторых лиц, с которыми мне пришлось в этом году иметь дело и при этом ближе познакомиться.

Самой крупной во всех отношениях фигурой среди них был Великий князь Николай Николаевич. Он одарен большим здравым смыслом, чрезвычайно быстро схватывает суть всякого вопроса; любит военное дело и интересуется им, долго служил в строю и отлично знает строевое дело, особенно кавалерийское; в течение нескольких лет готовился быть главнокомандующим на Северном фронте и изучал стратегическую обстановку; изъездил, как генерал-инспектор кавалерии, всю Россию, знал войска и их начальников во всех округах (в кавалерии — до тонкости); обладает громадной памятью.

Заниматься чтением совершенно не может, поэтому все дела ему должны докладываться устно. Характер у него взрывчатый, но я его всегда видел безукоризненно вежливым со всеми; лишь по рассказам других я знаю, что он, особенно в поле, иногда выходил из себя и тогда доходил до форменной грубости. В отношении к людям непостоянен и несомненное расположение к данному лицу иногда без видимой причины обращается в отчуждение или даже в антипатию; может быть, это зависит от спиритических внушений?..

Великий князь представлял из себя личность очень крупную: умный, преданный всецело делу, солдат душой, энергичный, он лишь не имел привычки работать сам, поэтому мог подпасть под влияние докладчиков, особенно, если им удавалось приобрести его личное расположение».

Последний протопресвитер Русской Императорской армии и флота отец Георгий Шавельский:

«Центральной фигурой в Ставке и на всем фронте (Первой мировой войны 1914–1918. — *В. Ч.-Г.*) был, конечно, Верховный Главнокомандующий, Великий князь Николай Николаевич.

За последнее царствование в России не было человека, имя которого было бы окружено таким ореолом и который во всей стране, особенно в низших народных слоях, пользовался бы большей известностью и популярностью, чем этот Великий князь. Его популярность была легендарна.

В жизни людей часто действуют незаметные для глаза, какие-то неудержимые фатальные причины, которые двигают судьбой человека независимо от него самого, его дел, желаний и намерений. Именно что-то неудержимо фатальное было в росте славы Великого князя Николая Николаевича.

За первый же год войны, гораздо более неудачной, чем счастливой, он вырос в огромного героя, перед которым, несмотря на все катастрофические неудачи на фронте, преклонялись, которого превозносила, можно сказать, вся Россия...

Великий князь Николай Николаевич... среди особ Императорской фамилии занимал особое положение. По летам он был старейшим из Великих князей. Еще до войны он в течение многих лет состоял Главнокомандующим Петербургского военного округа в то время, как другие Великие князья занимали низшие служебные места и многие из них по службе были подчинены ему.

Хотя в последние годы отношения между домом Великого князя Николая Николаевича и домом Государя оставляли желать лучшего, все же Великий князь продолжал иметь огромное влияние на Государя, а следовательно, и на дела государственные. Кроме всего этого, общее представление о Великом князе, как о строгом, беспощадном начальнике, по-видимому, прочно установилось и в великокняжеских семьях, — и Великие князья очень побаивались его. Однажды в Барановичах за завтраком в царском поезде, во время пребывания Государя в Ставке, Государь говорит Николаю Николаевичу:

— Знаешь, Николаша, я очень боялся тебя, когда ты был командиром Лейб-Гвардии Гусарского полка, а я служил в этом полку.

— Надеюсь, теперь эта боязнь прошла, — ответил с улыбкой немного сконфуженный Великий князь.

В войсках авторитет Великого князя был необыкновенно высок. Из офицеров — одни превозносили его за понимание военного дела, за глазомер и быстроту ума, другие — дрожали от одного его вида. В солдатской массе он был олицетворением мужества, верности долгу и правосудия...

Он, не моргнув глазом, приказал бы повесить Распутина и засадить Императрицу в монастырь, если бы дано было ему на это право. Что он признавал для государства полезным, а для совести не противным, то он проводил решительно, круто и даже временами беспощадно. Но все это делалось Великим князем спокойно, без тех выкриков, приступов страшного гнева, почти бешенства, о которых ходило много рассказов. Спокойствие не покидало Великого князя и в такие минуты, когда очень трудно было сохранить его...

Надо отметить еще одну черту Великого князя в его отношении к людям. Великий князь был тверд в своих симпатиях и дружбе. Если кто, служа под его начальством или при нем, заслужил его доверие, обратил на себя его внимание, то Великий князь уже оставался его защитником и покровителем навсегда...

Великий князь был искренне религиозен.

Ежедневно и утром, вставши с постели, и вечером, перед отходом ко сну, он совершал продолжительную молитву на коленях с земными поклонами. Без молитвы он никогда не садился за стол и не вставал от стола. Во все воскресные и праздничные дни, часто и накануне их, он обязательно присутствовал на богослужении. И все это у него не было ни показным, ни сухо формальным. Он веровал крепко; религия с молитвою была потребностью его души, уклада его жизни; он постоянно чувствовал себя в руках Божиих.

Однако, надо сказать, что временами он был слепо-религиозен. Религия есть союз Бога с человеком, договор, — выражаясь грубо, — с обеих сторон: помощь — со стороны Бога; служение Богу и в Боге ближним, самоотречение и самоотвержение — со стороны человека. Но многие русские аристократы и не-аристократы понимали религию односторонне: шесть раз "подай, Господи" и один раз, — и то не всегда, — "Тебе, Господи". Как в обыкновенной суетной жизни, они и в религиозной жизни ценили права, а не обязанности; и не стремились вносить в жизнь максимум того, что может человек внести, но всего ожидали от Бога. Забывши истину, что жизнь и благополучие человека строятся им самим при Божьем содействии, легко дойти до фатализма, когда все несчастья, происходящие от ошибок, грехов и преступлений человеческих, объясняют и оправдывают волей Божьей: так, мол, Богу угодно.

Великий князь менее, чем многие другие, но все же не чужд был этой своеобразности, ставшей в наши дни своего рода религиозной болезнью. Воюя с врагом, он все время ждал сверхъестественного вмешательства свыше, особой

Божьей помощи нашей армии. "Он (Бог) все может" — были любимые его слова, а происходившие от многих причин, в которых мы сами были, прежде всего, повинны, военные неудачи и несчастья объяснял прежде всего тем, что "Так Богу угодно!"

Короче сказать: для Великого князя центр религии заключался в сверхъестественной, чудодейственной силе, которую молитвою можно низвести на землю. Нравственная сторона религии, требующая от человека жертв, подвига, самовоспитания, — эта сторона как будто стушевывалась в его сознании, во всяком случае — подавлялась первою.

В особенности заслуживает внимания отношение Великого князя к Родине и к Государю. "Если бы для счастья России нужно было торжественно на площади выпороть меня, я умолял бы сделать это". И эти слова не были пустой или дутой фразой, они выражали самое искреннее чувство любви Великого князя к своей Родине. Великий князь, действительно, безгранично любил Родину и всей душой ненавидел ее врагов...

Я всегда любовался обращением Великого князя с Государем. Другие Великие князья и даже меньшие князья (как, например, Константиновичи) держали себя при разговорах с Государем по-родственному, просто и вольно, иногда даже фамильярно, обращались к Государю на "ты". Великий князь Николай Николаевич никогда не забывал, что перед ним стоит его Государь: он разговаривал с последним, стоя навытяжку, держа руки по швам. Хотя Государь всегда называл его: "ты", "Николаша", я ни разу не слышал, чтобы Великий князь Николай Николаевич назвал Государя "ты". Его обращение было всегда: "Ваше Величество"; его ответ: "Так точно, Ваше Величество". А ведь он был дядя Государя, годами старший, почти на 15 лет, по службе — бывший его командир, которого в то время очень боялся нынешний Государь.

Внешняя форма отношений Великого князя к Государю была выражением всего настроения его души. Великий князь вырос в атмосфере преклонения перед Государем. По самой идее, Государь был для него святыней, которую он чтил и берег. Когда в январе 1915 года Государь собственноручно вручил мне орден Александра Невского, Великий князь как-то проникновенно сказал, поздравляя меня: "Не забывайте: Государь сам из своих рук дал вам орден. Помните, что это значит!" Когда в августе 1915 года Великого князя постигла опала, у меня вырвались слова:

— Зачем карает вас Государь? Ведь вы верноподданный из верноподданных...

— Он для меня Государь; меня воспитали чтить и любить Государя. Кроме того, я как человека люблю его, — ответил Великий князь...

В отношении Великого князя ко всему: к развлечениям и удовольствиям, в его взгляде на женщину проглядывало особое благородство, своего рода рыцарство...

Ум Великого князя был тонкий и быстрый. Великий князь сразу схватывал нить рассказа и сущность дела и тут же высказывал свое мнение, решение, иногда очень оригинальное и всегда интересное и жизненное. Я лично несколько раз на себе испытал это, когда, затрудняясь в решении того или иного вопроса, обращался за советом к Великому князю и от него тут же получал ясный и мудрый совет. Но к черновой, усидчивой, продолжительной работе Великий князь не был способен. В этом он остался верен фамильной Романовской черте: жизнь и воспитание Великих князей делали всех их не усидчивыми в работе...

Великого князя Николая Николаевича все считали решительным. Действительно, он смелее всех других говорил Царю правду; смелее других он карал и миловал; смелее других принимал ответственность на себя. Всего этого отрицать нельзя, хотя нельзя и не признать, что ему, как старейшему и выше всех поставленному Великому князю, легче всего было быть решительным. При внимательном же наблюдении за ним нельзя было не заметить, что его решительность пропадала там, где ему начинала угрожать серьезная опасность.

Это сказывалось и в мелочах и в крупном: Великий князь до крайности оберегал свой покой и здоровье; на автомобиле он не делал более 25 верст в час, опасаясь несчастья; он ни разу не выехал на фронт дальше ставок Главнокомандующих, боясь шальной пули; он ни за что не принял бы участия ни в каком перевороте или противодействии, если бы предприятие угрожало его жизни и не имело абсолютных шансов на успех; при больших несчастьях он или впадал в панику или бросался плыть по течению, как это не раз случалось во время войны и в начале революции. У Великого князя было много патриотического восторга, но ему недоставало патриотической жертвенности. Поэтому он не оправдал и своих собственных надежд, что ему удастся привести к славе Родину, и надежд народа, желавшего видеть в нем действительного вождя».

Где православные русские, там и почитание Николы Угодника. По Ницце, еще одному известнейшему городу французской Ривьеры, как и в итальянском Бар-граде, простирается духовно наш Николай-град. Тут сразу четыре русских храма во имя святого Николая Мир Ликийского. Во-первых, это **храм во имя Святителя Николая Чудотворца и Святой Мученицы Александры**.

Возникновение его было связано с приездом в Ниццу зимой 1857 года вдовствующей Императрицы Александры Федоровны. Для строительства здесь церкви во имя Святителя Николая и ее небесной покровительницы Государыня Александра открыла подписку на денежные пожертвования, и они быстро собрались.

Продавая под православный храм землю, местные власти выдвинули условие — не помещать на нем колоколов и не устраивать вокруг него кладбища. В 1857 году церковь торжественно заложили. Проект здания сделал синодальный архитектор Александр Кудинов, но его существенно изменил строивший храм зодчий из Ниццы. В 1859 году храм Николая Чудотворца и мученицы Александры был освящен.

До 1914 года здесь на первом этаже действовала русская библиотека, открытая в 1860 году поэтом князем Петром Вяземским. Иконостас церкви создан по проекту художника, академика архитектуры И. И. Горностаева (1821–1874).

*Храм во имя Святителя Николая Чудотворца
и Святой Мученицы Александры в Ницце*

Он преподавал в Академии художеств, там составил и издал литографированные записки по истории изящных искусств. Горностаев участвовал в конкурсе на памятник тысячелетию России; сделал памятник на могиле М. И. Глинки в Александро-Невской лавре; проектировал в Петербурге светские и церковные постройки.

Иконы в храме написаны художником М. Н. Васильевым. Почти всё здесь, начиная с иконостаса, явилось личным даром Императрицы Александры Федоровны. А Войско Донское подарило сюда массивную дарохранительницу из кованого серебра в форме креста.

Другой **храм** в Ницце — **во имя Святителя Николая Чудотворца** — был открыт, когда к концу XIX века Николаевско-Александровская церковь перестала вмещать всех русских прихожан. В 1900 году приехала на Ривьеру в Кап д'Ай вдовствующая Императрица Мария Федоровна с сыновьями Михаилом и Георгием, тяжело больным туберкулезом, и младшей дочерью Ольгой. От настоятеля старой ниццкой церкви отца Сергея Любимова Государыня узнала о проблеме и, заручившись поддержкой правящего сына — Государя Императора Николая II, взяла под свое покровительство строительство нового храма.

Академик М. Т. Преображенский, построивший описанный выше храм, спроектировал церковь в стиле московских и ярославских храмов. Но первоначальный участок купленной в Ницце земли оказался непригодным для возведения такой церкви: грунт не выдержал бы тяжести монументального здания. Императрица Мария Федоровна обратилась к Государю Николаю Второму, чтобы использовать для этого находящийся поблизости парк Бермон, принадлежащий Царской фамилии. Государь с готовностью разрешил, закладка храма произошла в 1903 году. Основную часть расходов по его возведению взял на себя Государь Император.

Строили церковь Святителя Николая Чудотворца девять лет, освятив ее в 1912 году. Иконостас и царские врата были изготовлены в московской мастерской Хлебникова. Иконы иконостаса написаны в манере школы Симона Ушакова, а царские двери — копия врат храма во имя Ильи Пророка

Храм во имя Святителя Николая Чудотворца в Ницце

Мемориальная часовня в парке Бермон в Ницце

в Ярославле. Алтарные фрески написал художник М. М. Васильев. Исключительного изящества и ценности здесь плащаница работы мастерской Хлебникова: художественное литье из позолоченной бронзы, украшенной разноцветной эмалью.

Многие иконы преподнесены в дар храму прихожанами, очень крупный вклад на его устройство сделал князь Сергей Голицын.

Есть в Ницце и еще одно великолепное православное место, это **мемориальная часовня во имя Святителя Николая Чудотворца в парке Бермон**, которая стоит в сотне метров от описанной выше церкви. Возникла она потому, что в 1865 году на вилле Бермон умер больной туберкулезом Престолонаследник Российский, старший сын Государя Императора Александра Второго Цесаревич Николай Александрович.

По распоряжению Государя Александра II виллу Бермон тогда снесли, а на ее месте возвели мемориальную часовню в византийском стиле в память Цесаревича. Проектировал ее архитектор, профессор, почетный член Академии художеств Д. И. Гримм (1823–1898). Он был учеником А. П. Брюллова, занимался обмерами памятников Грузии, Армении, долго жил за границей, а позже читал лекции по древнегреческой архитектуре в петербургской Академии художеств. Гримм проектировал церкви в Херсоне, Петербурге и его окрестностях, в Тифлисе. Он сделал проект русской церкви в «византийском стиле» для Женевы в 1863–1864 годах, а в 1880-е годы — для Копенгагена. В Ницце этот архитектор является также соавтором проекта виллы П. Г. Дервиза Шато Вальроз.

Внутри часовня полукруглая, облицована мрамором, иконы написаны Т. А. фон Неффом. На фризе славянской вязью выведено: «аще живемъ, аще умираемъ, господни есмы. на сіе христосъ и умре и воскресе и оживе, да и мертвыми и живыми обладаетъ» (Рим. 14, 8–9).

Власти города Ниццы назвали широкую улицу, ведущую к православной часовне в парке Бермон, где также высится наша Никольская церковь, бульваром Царевича. Величественные мемории, заложенные в разных здешних городах нашими соотечественниками, и позволяют нам считать прекрасную Ривьеру в чем-то русской.

Храм во имя Святого Благоверного Князя Александра Невского

ПАРИЖСКИЕ ПЕНАТЫ

Храм во имя Святого Благоверного Князя Александра Невского на улице Дарю в Париже, наверное, самая известная православная церковь Русского Зарубежья в Западной Европе. Он относится к Архиепископии западно-европейских православных русских церквей.

Тесные взаимоотношения России и Франции начались еще во времена князя Ярослава Мудрого, когда в 1051 году его дочь Анна Ярославна вышла замуж за французского короля Генриха Первого. Однако лишь в 1816 году Государь Император Александр Первый издал указ «Об учреждении церкви греко-российского исповедания при Миссии в Париже». Этот домовой храм открылся в 1820 году и окормлял вместе с русскими проживавших во французской столице сербов, болгар, греков, валлахов.

В 1856 году идею о создании более вместительного парижского храма начал претворять магистр богословия Санкт-Петербургской Духовной Академии протоиерей Иосиф Васильев. Он хотел воздвигнуть церковь на общественные средства, что поддержал Государь Император Александр Второй, пожертвовавший 50 тысяч рублей. Такие же деньги дал Святейший Синод, и суммы начали поступать отовсюду. Не поскупились купцы нижегородской ярмарки, а греческий купец М. Бернадакис внес 100 тысяч франков.

Участок земли для будущего Свято-Александро-Невского храма купили в 1857 году. Для создания проекта его строительная комиссия обратилась к академику архитектуры, профессору, члену Парижской академии художеств Р. И. Кузьмину (1810–1861). Он был выпускником петербургской Академии художеств, работал в Гатчине, строил жилые дома и церковные сооружения в Петербурге. Спроектированный

Кузьминым храм строил академик архитектуры И. В. Штром, известный как автор проекта Владимирского собора в Киеве.

Закладка Свято-Александро-Невского храма состоялась в 1859 году. Освящали церковь в 1861 году 30 августа — на праздник перенесения мощей святого благоверного Великого князя Александра Невского. На торжестве при огромном стечении народа присутствовали чиновники парижской мэрии и специальный представитель Императора французов Наполеона III, а с русской стороны — посол граф П. Д. Киселев. Нижний храм собора освятили в честь Святой Живоначальной Троицы в 1863 году.

Из-за внушительных размеров (длина и ширина храма 28 метров, высота — 48 метров) и величественности храм называют Александро-Невским собором, и такова же роль этой русской церкви в сердце Парижа, как пишут ее прихожане:

«Являя природу, красоту Православной веры, богослужения и русского благочестия, собор питает наши души, а как символ мира и любви Христовой он содействовал и содействует ознакомлению инославных и иноверных с нашей

Фронтон храма Святого Александра Невского

Православной верой, которая благодаря храму, торжественности богослужений, трогательности обрядов и церковному пению находит доступ к сердцам многих людей и не принадлежащих к ее недрам».

Внешний вид и интерьер храма Александра Невского выдержаны в стиле константинопольского Софийского собора. Главный купол опирается на четыре столпа. Снаружи он покрыт восьмигранным шатром с позолоченной главкой с крестом. По углам поставлены четыре башни-колокольни, также с шатровыми покрытиями и золотыми главками с крестами. В двух передних башнях находятся колокола. Собор построен из тесаного белого камня, пол тоже каменный: черные и белые плиты в шахматном порядке.

На паперти перед главным входом устроено шатровое покрытие в общем церковном стиле — с золотой главкой и крестом. На фасаде мозаичное изображение «Благословляющий Спаситель на троне» — копия мозаики из храма Святого Аполлинария в итальянском городе Равенна. Византийский стиль особенно ощущается во внутреннем убранстве и росписи храма. Над иконами и фресками работали многие художники: Бейдеманн, братья Сорокины, Бронников, Седов, Шереметев и другие. Полотно «Проповедь Иисуса Христа на озере Тивериадском» и картину «Хождение по водам» написал художник Боголюбов. За длинную историю своей жизни храм обогатился многими иконами, драгоценными сосудами, серебряно-хрустальной плащаницей и другими щедрыми подношениями частных лиц, организаций, объединений.

Иконостас в храме двухъярусный, как принято в византийских базиликах. В первом ярусе и справа от царских врат помещены изображения Иисуса Христа, Архангела Михаила и святого Александра Невского. Слева — образа Божией Матери, великомученика архидиакона Стефана. Перед дверью в алтарь находится крест-памятник Святым Благоверным Царственным Мученикам, сооруженный Обществом ревнителей памяти Государя Императора Николая II под председательством полковника В. В. Свечина. Сам же Государь Николай Александрович молился здесь с Императрицей Александрой Федоровной 6 октября 1896 года.

Тут увидим и икону Патриарха Московского и всея Руси новомученика святителя Тихона. Рядом с ней другой образ: «Сия икона сооружена иждивением зарубежной Руси в молитвенную память по убиенном большевиками 20 ноября 1917 года последнем Главнокомандующем Русской Армии в войну 1914–1918 гг. Генерального штаба генерал-лейтенанте Николае Николаевиче Духонине». Можем прочесть рядом с этим образом подпись под следующей иконой: «Вечная память Преображенцам, на поле брани за Веру, Царя и Отечество живот свой сложившим».

В храме находится киот с иконой Богоматери в память Российского воинства Императорской, Добровольческой и Русской армий. На другом киоте — книга, где перечислены имена убитых и скончавшихся от ран летчиков Российского воздушного флота. Есть киот с иконой, воздвигнутый в 1950 году Общеказачьим союзом в память пребывания казаков на чужбине.

Здесь много икон, вызывающих самые разнообразные чувства, воспоминания. Вот, например, потемневшая икона

Внутреннее убранство храма Святого Александра Невского

Божией Матери «Феодоровская» в серебряной ризе с драгоценными камнями и под резной, орехового дерева сенью. Это список Феодоровской иконы 1289 года, сделанный художником Каменьщиковым в 1850 году, — в собор попал в 1866 году. А вот образ Вознесения Господня в позолоченной ризе и раме, с резной лампадой, являющийся даром Государя Императора Александра II и его супруги Марии Александровны: «В возблагодарение Господа за Святой Его Покров и Охранение в 25 день мая 1867 года», — день покушения поляком А. Березовским на жизнь русского Государя в Булонском лесу. По этому поводу Государь Александр Второй молился здесь, в соборе его небесного покровителя Александра Невского, 7 июня 1867 года вместе с наследником Александром и Императрицей Марией Александровной. На благодарственном молебне присутствовали Император Франции Наполеон III с супругой и король прусский Вильгельм I.

Находится в храме дар Российского Обще-Воинского Союза — икона Богоматери, именуемая «Скоропослушницей». Она установлена с позолоченной ризой в резном, венгерского ореха киоте с надписью: «Вечная память Вождям и Воинам Христолюбивого Российского воинства за честь и достоинство Отечества живот свой положивших и в рассеянии скончавшихся». Привлекает внимание икона с изображением Архистратига Михаила в ореховой резной раме, преподнесенная храму в память командира и бойцов белой Дроздовской дивизии и украшенная изображением первого их знамени — морского Андреевского стяга. На образе надпись: «Вечная память доблестному военачальнику Михаилу Гордеевичу Дроздовскому и всем чинам».

В парижском Александро-Невском соборе отпевали многих известных русских людей. Это, например, Великий князь Борис Владимирович (1943), Великий князь Андрей Владимирович (1956), Великий князь Гавриил Константинович (1955), певец Ф. И. Шаляпин (1938), писатели И. С. Тургенев (1883), И. С. Шмелев (1950), И. А. Бунин (1953), художник В. В. Кандинский (1944).

Для того, чтобы и поныне храм Святого Александра Невского драгоценной «шкатулкой» продолжал удивлять парижан и приезжих со всего света, за его жизнестойкость постоянно боролись. Ведь, например, церковные стены постоянно покрывались копотью от свеч. А в 1900-х годах пожар в соседних конюшнях отразился на состоянии каменной кладки всей правой стороны собора. В 1920-х годах работы по закладке фундамента концертного зала Плейель с той же правой стороны способствовали крену колоколен. В 1940–1944 годах при немецкой оккупации храм не отапливали и сырость едва не начала уничтожать внутреннюю роспись.

Первые реставрационные работы собора на улице Дарю прошли через тридцать лет после его постройки, потом — спустя десять лет в 1898–1899 годах. Они сводились к заделке трещин в гипсовом покрытии главного купола. Внутренний ремонт верхнего храма удалось осуществить лишь в 1926 году. За реставрацию живописи тогда безвозмездно взялся бывший реставратор Музея Государя Императора Александра Третьего Д. Ф. Тюляхтин. После очистки картин, икон и стенописи в люстры церкви провели электричество.

В 1927 году, отчитываясь на годичном приходском собрании, помощник председателя приходского совета, бывший председатель Совета министров Российской империи с 1911 по 1914 год граф В. Н. Коковцов указал:

— Все видят, в каком блеске предстал пред нами храм... Если бы мы не приступили к этим работам, то, может быть, было бы уже поздно, так как от попыток некоторых любителей чистить деревянным маслом роспись уже начали разъедаться краски и портиться живопись.

Работа была произведена французской фирмой по рецептам и указаниям реставратора Тюляхтина, лично производившего поправку ценных картин Боголюбова и живописи в алтаре и на иконостасе.

В 1929 году Д. Ф. Тюляхтин закончил оставшуюся реставрацию росписи алтаря. Тогда же по требованию полиции устроили новый вход в храм с правой стороны. Тревожное шатание правой передней колокольни обнаружили в 1935 году: ее главка покосилась, — и пришлось срочно ремонтировать. В 1938 году увидели трещины под окнами в нижней части купола — укрепляли их поперечными стальными распорками. Все работы шли под наблюдением архитектора-консультанта К. В. Левандовского.

Собор терпел настоящее бедствие во время Второй мировой войны и потому, что главный его охранитель граф Владимир Николаевич Коковцов умер в 1943 году. В 1950 году церковным старостой тоже удачно выбрали владельца завода стальных конструкций, инженера, бывшего офицера-дроздовца В. Н. Загоровского. Он энергично взялся за дело вместе с новым архитектором-консультантом собора из художнической династии Бенуа Альбертом Александровичем. Новые реставра-

Царские врата храма
Святого Александра Невского

ционные работы они поручили строительной фирме русского предпринимателя, тоже бывшего дроздовского офицера Ф. А. Бойко, который уже отреставрировал Люксембургский дворец и две католические церкви.

Загоровский призвал на помощь в ремонте своих и Бойко бывших однополчан-«дроздов», какие из белых добровольцев стали теперь ядром добровольцев-строителей. В октябре 1950 года они закончили работы по внутренней части верхнего храма. Однако весной 1951 года выяснилось, что на двух колокольнях и крыше выветрились камни, выпал цемент, а в нижнем храме отсырели стены. Надо было браться за немедленное подкрепление колоколен и центрального шатра, работы внизу, да не было денег.

Тогда протоиерей Александр Чекан попросил в воззвании о финансовой помощи храму православных Русского

Зарубежья. В Почетном комитете собора ему активно помогала сестра Царя-Мученика Николая Второго, супруга покойного Великого князя Александра Михайловича Великая княгиня Ксения Александровна. Председательница Комитета Л. П. Детердинг пожертвовала на новый ремонт большую сумму. И все-таки русские энтузиасты продолжали ремонтировать свой красавец храм не зная, хватит ли средств даже на ближайшие недели.

С миру по нитке, франк к франку, шли месяцы, и собор обновлялся, будто расцветал. В мае 1952 года решили расписать его Свято-Троицкий нижний храм, по поводу чего приходский совет отметил:

«Все стены должны быть выдержаны в светлых тонах. На алтарной стене должно быть изображение Святой Троицы рублевского типа. На центральном столпе изображения святых не должны доходить до пола, а начинаться на высоте цоколя. По четырем крыльям, расходящимся от столпа, должны быть написаны большие херувимы. Иконостас должен быть выкрашен в светлые тона».

Русские парижане добывали средства на обновление своего святого храма как могли. В январе 1953 года в зале «Иена» артисты Русской оперы исполняли фрагменты из оперы «Князь Игорь». Этот благотворительный музыкальный вечер репетировали в помещениях Русской оперы, и для его успешности русские хозяева продовольственных магазинов пожертвовали провизию на роскошный буфет в «Иене».

В основном необходимые работы были закончены в конце 1954 года: все колокольни собора отреставрированы, крыша и стены починены, купола позолочены. В январе 1954 года на полное завершение обновления Свято-Александро-Невского храма пошел доход концерта Русской оперы в большом зале Пале де Шайо, организованного танцором Сергеем Лифарем, тоже пожертвовавшим свой значительный гонорар.

С этого года расписанный Альбертом Александровичем Бенуа и его женой Маргаритой Александровной нижний храм стал «молодежным приделом», где с весны на воскресных богослужениях начал петь хор русской учащейся молодежи. С осени в крипте стали совершаться богослужения на французском языке, положившие начало франкоязычному приходу на Дарю. Полностью роспись собора внизу была закончена в 1956 году, когда и фасад храма украсила новая мозаика Спаса Благословляющего.

Очередные тревоги возникли в 1962 году, когда в основании купола образовались трещины, грозящие разрушением центральной части здания. Пришлось заменять каменную кладку вокруг окон тамбура и устанавливать бетонный пояс для укрепления купола. С 1978 по 1983 год собор ремонтировали под началом нового старосты, инженера-строителя В. Е. Тихоницкого, заменившего В. Н. Загоровского. Были реставрированы шатровые башни, восстановлен упавший крест правой колокольни, починен стальной каркас куполов и произведена их позолота.

В 1996 году здесь снова завершился ремонт: покрытие апсид собора листовым свинцом и восстановление декоративных карнизов в первичном виде, а в 1997 году приходской совет вел внутреннюю реставрацию по среднему поясу церковной живописи — изображений четырех евангелистов и сцен из земной жизни Спасителя в полукуполах. Как всегда, средства на это паства изыскивала жертвенным подвигом.

Есть в Париже и **храм** Русской Православной Церкви Заграницей (РПЦЗ) **в честь Всех Святых в Земле Российской просиявших**. Основали его после того, как старый Знаменский храм — единственный соборный храм в Париже, остававшийся в ведении РПЦЗ, отошел после Второй мировой войны в ведение Экзархата западно-европейских православных русских церквей (под омофором Вселенского Патриархата).

Бывшие «соборяне» сначала в 1955 году в гараже-боксе открыли часовню «Всех Святых в Земле Российской просиявших». Затем в 1956 году старейшие прихожане А. Б. Григорович-Барский и ставший впоследствии священником (а в 1993 году — архиереем) И. А. Дулгов нашли на улице Рибера́ подходящее помещение для церкви, где начались регулярные богослужения. Более вместительное помещение удалось найти в 1961 году на улице Клод Лоррен в доме 19, где храм Всех Святых в Земле Российской просиявших находится и поныне.

У входа в парижский храм Всех Святых в Земле Российской просиявших

Эта домовая церковь, конечно, не является впечатляющей по внешнему убранству, но внутри находятся святыни. Тут копия Одигитрии (Путеводительницы) Белого Русского Зарубежья — Чудотворной Иконы Божией Матери Курской-Коренной, а главное, перед входом в алтарь у царских врат стоит посох Вселенского Чудотворца святителя Иоанна, архиепископа Шанхайского и Сан-Францисского. Архиепископ Иоанн Шанхайский основал и освятил 25 декабря 1961 года сей храм, ставший кафедральным в Западно-Европейской Епархии РПЦЗ. Святитель служил здесь четыре года до его перевода на Сан-Францисскую кафедру.

Об Иоанне Чудотворце Шанхайском и Сан-Францисском (Максимовиче) (1896–1966) подробнее рассказывается в одном из следующих очерков, а тут коснемся его жизни и служения в Париже, в храме на Клод Лоррен. Архиепископ Иоанн прибыл во Францию из Китая в 1951 году и начал, помимо русских богослужений, служить Божественную литургию по-голландски и по-французски, как служил до этого по-гречески и по-китайски. С переездом же в США владыка станет употреблять для местных прихожан и английский язык. Святитель Иоанн восстанавливал в Православной Церкви почитание древних западных святых, живших в Европе до отделения католиков от православия в 1054 году, но не включенных в православные календари. Владыка собирал их жития и изображения, сделал доклад на Архиерейском совещании РПЦЗ, издал особый указ.

Ночами архиепископ Иоанн со своими учениками обходил окрестные его храму дома в Париже и окроплял их святой водой. Парижане, приводившие к владыке своих больных детей для такого же окропления, видели, что те исцелялись.

Внутреннее убранство храма Всех Святых
в Земле Российской просиявших. Слева от иконостаса —
копия Чудотворной Курской-Коренной иконы Божией Матери,
справа от царских врат — посох святителя Иоанна

Житийная икона святителя Иоанна
письма Тамары Сикоевой (Мюнхен),
находящаяся в парижском храме Всех Святых
в Земле Российской просиявших. Надпись на свитке:
«Люди, у которых одна цель и которые стремятся
к "единому на потребу", имеют единство душ и никогда
не чувствуют разделяющее их расстояние. И не имеет значения,
сколь это расстояние велико: оно никогда не может быть
препятствием для той духовной близости, которая
соединяет этих людей в единство душ»

Святитель Иоанн строил всю свою жизнь, исходя только из Закона Божия, совершенно не думая, как это может выглядеть по человеческим критериям.

Однажды, приехав в Марсель, владыка решил отслужить панихиду на месте убиения в 1934 году благочестивого сербского короля Александра I Карагеоргиевича. Место было на тротуаре посреди людной улицы, и никто из клира архиепископа Иоанна не осмелился пойти туда с ним. Приземистый владыка Иоанн со своими длинными волосами, бородой, в черной рясе, с чемоданом и метлой явился на многолюдье в одиночку. Публика моментально окружила его, а фоторепортеры начали снимать. Владыка невозмутимо вымел метлой нужную ему часть тротуара, стал доставать из чемодана необходимое. На вычищенный асфальт он положил епископские орлецы, возжег кадильницу и приступил к панихиде.

Популярность удивительнейшего русского архиерея пронеслась по Парижу так, что в одном из католических храмов пастор восклицал, проповедуя молодежи:

— Вы требуете доказательств, вы говорите, что сейчас нет ни чудес, ни святых. Зачем мне это теоретически доказывать, когда сегодня по улицам Парижа ходит святой Иоанн Босой!

Своим «босоножеством» святитель Иоанн Шанхайский повторял подвиг праведного отца Иоанна Кронштадтского Чудотворца, ходившего босым по Кронштадту и потому что отдавал свои очередные сапоги бедным. С Шанхая владыка Иоанн носил одежду из самой дешевой ткани, и тоже часто ходил босым, отдавая свои туфли или сандалии какому-нибудь нищему. Он даже иной раз служил босым, за что подвергался от начальства суровому порицанию. При этом в Париже как ни пытались стелить блаженному Иоанну на холодном цементном полу коврик, он, всегда улыбаясь, переходил босыми ступнями на пол. После того, как владыка серьезно поранил ногу гравием Версальского парка, начальство запретило ему быть босым. Протопресвитер М. Зноско-Боровский описывал:

«Многие в Париже не понимали владыку, их смущал его внешний вид, что он босой ходит. Рассказывал мне П. С. Лопухин, что были жалобы на владыку митрополиту Анастасию.

В одной из жалоб просили, чтобы Первосвятитель приказал владыке Иоанну носить ботинки. Митрополит Анастасий откликнулся на эту просьбу, написал владыке письмо, а обрадованные этим прихожане поспешили преподнести своему архипастырю ботинки. Владыка принял дар, поблагодарил, но не надел, а носил ботинки... под мышкой. Снова жалоба Митрополиту, снова он пишет владыке Иоанну о послушании, и получает ответ:

— Ваше предписание исполнил, Вы писали, чтобы я носил ботинки, но не написали, чтобы я их надел, вот я и носил их, а теперь надену.

И владыка зашагал по Парижу в ботинках».

Вспоминает Е. Г. Черткова:

«Я несколько раз ходила навещать владыку. Жил он в Кадетском корпусе под Парижем, в Версале. У него была маленькая келья в верхнем этаже дома. Кровати в келье не было: владыка никогда не ложился спать. Иногда, когда мы с ним разговаривали, он, сидя в кресле, начинал дремать. Тогда я останавливалась, но он сразу говорил: «Продолжайте, продолжайте, я слушаю». И действительно, владыка отвечал на все мои вопросы. Всю ночь владыка молился, опираясь на высокую палку с перекладиной наверху. Иногда он молился на коленях; вероятно, когда клал поклоны, то ненадолго засыпал в таком положении на полу.

Когда он не служил и был дома, он всегда старался ходить босиком, даже в сильные морозы. Из корпуса до храма, бывало, ходил босиком в мороз по каменистой дороге. Однажды повредил себе ногу, была опасность заражения крови. Владыку пришлось положить в госпиталь, но он не хотел ложиться в кровать. Так как там это было невозможно, он в конце концов покорился, но подложил под себя сапог, чтобы было неудобно лежать. Медсестры, француженки, говорили: «Вы к нам привезли святого».

О чудотворении, прозорливости святителя Иоанна в Русском Зарубежье известно много, и вот, например, что свидетельствует настоятель храма Всех Святых в Земле Российской просиявших, благочинный Парижского округа РПЦЗ митрофорный протоиерей Вениамин Жуков. В 1950-е годы иподиакон Г. Н. Рябинин прислуживал на отпевании кого-то святителю Иоанну и еще одному архиерею. Когда они шли за гробом, иподиакон по искушению «воображал», как он будет отпевать и самого владыку Иоанна. Прочтя его мысли, святитель Иоанн обернулся к нему и сказал:

— Ты прекратишь?

Графиня М. Н. Апраксина, живущая в Бельгии, рассказывает, что ее отец Н. М. Котляревский, бывший личный секретарь генерала барона П. Н. Врангеля, один из инициаторов сооружения брюссельского храма Святого и Праведного Иова Многострадального, воздвигнутого в память Царя Мученика Николая II, поехал лечиться от болезни сердца и высокого давления на курорт

Комната святителя Иоанна на 2-м этаже парижского храма. Отец Вениамин Жуков у кресла, в котором спал Святитель, рассказывает о нем

города Спа, где у него произошел инфаркт. Врачи сказали, что надежды на сохранение жизни у Котляревского нет. Святитель Иоанн начал молиться о нем в субботу, а уже в понедельник у больного нашли «только слабость».

Близкий семье Апраксиных Ю. В. Осташков рассказал, что владыка Иоанн посетил его мать М. Ф. Добровольскую, у которой была с детства сломана спина. После беседы со святителем Иоанном в тот же день она впервые за свою жизнь не ощутила боли в спине.

Таков был святой Русского Зарубежья, наш современник. Каковы же были недавние прихожане этих великолепных русских храмов на чужбине? По своему «составу», прочности они никак не уступали твердости их церковных стен и камней. Об этом, например, могут наглядно свидетельствовать другие воспоминания батюшки Вениамина Жукова, которые настоятель храма на Клод Лоррен в рукописи предоставил мне, и я частично использую его записки. Они — об отце протоиерея Вениамина Николаевича Жукова, типичном русском православном эмигранте:

«Николай Михайлович Жуков, мой отец, был рядовым русским человеком: честным, правдивым, нестяжательным и жертвенным, как тысячи, сотни тысяч русских людей.

Родился Николай Михайлович 30 ноября 1897 года (по старому стилю) в Петербурге. Семья Жуковых жила на углу Пушкинской и Невского. Мой дед был верующим человеком; он, очевидно, занимал видную должность как чиновник, ибо в день его тезоименитства — святого Архистратига Михаила приходило на дом соседнее духовенство с поздравлениями. В семье было семеро братьев и сестер. Отец, самый младший, Николаша, был любимцем всех.

В разгар Великой войны отца взяли с последнего курса реального училища и определили в офицерское училище, которое он закончил вольноопределяющимся. Вскоре, став подпоручиком, он был отправлен в Херсон для пополнения фронтовых частей. Здесь застала его Февральская революция, и с того момента отец оказался брошенным на произвол событий. Появились самостийные украинцы, с Октябрьским переворотом — красные. Благодаря знакомству он был спасен от расстрела в ЧК, бежал. Днями скрывался в стогах сена, пока не подошли добровольцы.

Воевал отец поручиком в Добровольческой армии и дважды был в плену у красных. Первый раз военачальник включил всех военнопленных в ряды Красной армии. Когда отцовы товарищи задумали бежать отсюда к польскому фронту, он отказался. Бежавшие были схвачены и расстреляны. Отца привлекли к ответственности как знавшего о побеге, но ему удалось "заболеть" и получить от знакомого фельдшера направление в госпиталь, откуда бежать к белым.

Второй раз в плену у красных отца приговорили к расстрелу. Смертников выводили на копание себе могилы. По пути туда отец собирал какие-то зёрнышки, падающие с деревьев, в надежде что вырастет что-то на его могиле... Перед расстрелом комиссар прошёл вдоль ряда смертников. Подойдя к моему отцу, он вдруг приказал ему немедленно выйти из строя и скрыться. Комиссар-еврей узнал в моём отце того, кто однажды его самого спас от расстрела!

С отступающей Добровольческой армией отец очутился в Севастополе... Он служил в Алексеевском полку, его часть вместе с другими эвакуировалась в Галлиполи, где собралось около 20 тысяч вооружённых Белых воинов...

Год прошёл, и всем стало ясно, что десанта в Россию не будет. Военные части стали расформировываться, люди поехали на работу в Болгарию, Сербию, Италию, Францию. Отец поселился в Болгарии и женился на русской беженке, моей матери. В Болгарии сначала сохранялся военный строй в виде фехтовальных училищ. Кроме того, русские беженцы создали здесь прекрасные хоры. В одном из них под управлением Сорокина пел и мой отец, обладавший прекрасным баритоном. В кафедральном соборе Святого Александра Невского в Софии пели на двух клиросах с болгарским хором. Впечатление у болгар было неописуемое.

Отец выучился токарному ремеслу и, не найдя в Болгарии работы, выехал по контракту во Францию... Мои родители поселились в Лотарингии, где я появился на свет.

Наши беженцы фактически не прижились на местах расселения. До Второй мировой войны они постоянно надеялись на скорое возвращение на Родину.

— Даст Бог, в будущем году будем в России, — слышалось часто на собраниях, за праздничным столом, когда поднимали стаканы за Россию.

После Второй мировой войны русскую эмиграцию охватило движение "возвращения" на родину. Проводилась успешная пропаганда о якобы дарованной Сталиным всеобщей амнистии. Советами был пущен в ход весь арсенал психологического воздействия на белую эмиграцию. Появились московские митрополиты Николай, Григорий, их торжественно встречало духовенство собора Александра Невского в Париже во главе с митрополитом Евлогием, присоединившимся в 1945 году к Московской Патриархии (его епархия вернулась под Константинопольский омофор после его смерти в 1946 году).

В газете "Советский патриот" от 22 июня 1945 года красовалось письмо митрополита Евлогия полпреду Богомолову:

"Дорогой и глубокоуважаемый Александр Ефимович, не могу удержаться, чтобы не выразить чувства глубочайшей радости по поводу того, что наконец русская эмиграция входит и прочными ногами становится на свою национальную почву и перестает быть бесправной. Это великое событие огромного значения. Мы становимся полноправными, родными чадами нашей великой матери.

Желая запечатлеть это великое событие, я сделал распоряжение, чтобы в воскресенье 30.06.1945 во всех церквах епархии после Божественной Литургии было совершено благодарственное молебствие с соответствующим поучением по поводу этого знаменательного события.

С глубоким уважением и таковой же преданностью имею честь быть... Евлогий".

Если в СССР хорошо было разработано сервильное поведение церковников в отношении к власти — в частности, в призыве служить безбожному государству, то и за границей эта работа неплохо удалась большевикам. Множество эмигрантов, не только соблазнившихся победой в войне, амнистией и новым мундиром с погонами, но и примером духовенства, потянулось в советское посольство для получения паспорта. Потом на родине в тюремных застенках они проливали горькие слезы.

Мой отец упорно стоял на своем: никогда не доверять большевикам. Давний знакомый отца приходил его уговаривать взять советский паспорт. Сначала у них разговор шел полюбовно, говорили про победу, амнистию, патриотизм. Потом собеседник начал налегать: нужно брать паспорт сейчас, когда дают, потом будет поздно; Франция — союзник России и т. д. Отец отпустил его ни с чем, а мне сказал:

— Не такой уж я дурной, чтобы поверить коммунистам.

В 1948 году мои родители приняли французское подданство, считая маловероятным возвращение на родину, и чтобы обеспечить учебу сына.

В 1963 году родители вышли на пенсию и приехали жить вместе с моей семьей под Парижем (в Вильмуассон-сюр-Орж, где в 1984 году отец Вениамин открыл **храм в честь Святого Царя-Мученика Николая и Святых Новомучеников и Исповедников Российских**; здесь так же, как в Париже, он является настоятелем. — *В. Ч.-Г.*). У нас с женой росли три дочери...

В 1974 году заболела моя мать и легла в госпиталь. В течение шести месяцев мой отец навещал ее (при двухчасовом пути в одну сторону). В день своей кончины мама как бы очнулась и стала ему шептать:

— С Богом... — пока не испустила дух.

Отец сильно переживал кончину любимой супруги, но как военный он этого не показывал. Потом мне признался, что в течение года каждый день читал панихиду.

Внутреннее убранство храма
Святого Царя-Мученика Николая и Святых Новомучеников
и Исповедников Российских в Вильмуассоне

Да, мой отец был рядовой русский человек Святой Руси.

Ему перевалило за 90 лет, когда мы были с ним на Прощеное Воскресенье в Леснинской обители в Нормандии. В конце вечерни все подходят к аналою, на котором лежат иконы Спасителя и Божией Матери, кланяются, лобызают их и просят прощения друг у друга. Вот подходит мой отец, поддерживаясь палочкой, и плачет перед иконами. Духовник монастыря слегка толкнул меня и, показывая на моего отца, говорит:

— Смотри, вот это Россия.

Отец всегда был строг к себе, никогда не проявлял излишних чувств, никому не был в тягость. Никогда не жаловался, у него всегда был один ответ:

— Слава Богу, все хорошо!

Он был вполне самостоятельным до возраста 97 лет. Утром вставал в определенное время, застилал свою кровать, шел умываться. Потом становился на молитву перед образами (где всегда теплилась лампада); потом он принимал завтрак. Начинал день как человек строевой.

Последние два года он нуждался в постоянном уходе: голова оставалась светлой, но ноги отказывались служить. Все чаще отец вспоминал стихотворения своего детства, в разговоре отличался тонким остроумием до конца своей жизни. Когда он еще был самостоятельным, первым спускался в церковь (находящуюся при нашем доме), закупал пачку свечей и ставил их со вниманием и молитвой, кланяясь и лобызая святые иконы; на Богослужении подпевал своим мощным и бархатным баритоном.

В моем детстве я не думал, что отец глубоко верующий, — он не выделялся внешним благочестием, мать же напротив, как певчая, посещала всегда храм Божий и меня с собой водила. Но когда мне было примерно 17 лет и я стал философствовать и мудрить, отец, который никогда не говорил со мной на религиозные темы, резко меня остановил:

— Ты перестань выдумывать! Я провел всю войну, вокруг меня товарищи были убиты, справа, слева, а я выжил. Меня должны были дважды расстрелять в ЧК — и остался в живых: меня мать благословила иконой в путь на фронт, и я ее всегда носил на груди...

За месяц до кончины отец стал что-то бормотать про себя. Когда мы прислушались, оказалось, что он пел "Христос Воскресе". Это было в начале Великого Поста 1997 года. На Крестопоклонной неделе я ему спел "Кресту Твоему покланяемся, Владыко...". Потом он сам пел эту молитву несколько дней подряд, уже слабым голосом.

За десять дней до своей кончины отец хорошо причастился, исповедываться уже не было сил. Я его попросил:

— Скажи: "Господи, помилуй мя, грешного".

Могила родителей протоиерея Вениамина Жукова на русском кладбище Сент-Женевьев-де-Буа

Отец это произнес ясным, громким голосом и принял святое Причастие.

Предал мой отец Богу свою душу на 5-й неделе Великого Поста в пятницу вечером, в начале Утрени Похвалы Божией Матери, не дожив до своего столетия несколько месяцев.

Его умыли, одели и спустили сразу в церковь. Отпевание прошло тихо, спокойно, в радостной тишине, как в ожидании Христова Воскресения; моего отца отпевали пятеро священников. Один из них мне сказал:

— Известно, что часто благочестивые люди перед смертью поют "Христос Воскресе".

"Христос Воскресе", — вот что вынес в своем сердце изгнанник Святой Руси, мой милый отец».

— 129 —

Русское кладбище в Сент-Женевьев-де-Буа

*Памятник
Белой Гвардии
на русском кладбище
в Сент-Женевьев-де-Буа*

Редкий наш соотечественник, приехав в Париж, не посетит находящееся в предместье столицы Сент-Женевьев-де-Буа («Святая Женевьева (Геновефа) в лесах» — по преданию в V веке благодаря святой Геновефе, небесной покровительнице Парижа, в лесу на этом месте забил источник), русское кладбище, где он встречает прекрасный **храм в честь Успения Пресвятой Богородицы**. Эти церковь и звонница выстроены в стиле псково-новгородского зодчества по проекту архитектора Альберта Александровича Бенуа, который и расписал вместе со своей супругой Маргаритой Александровной храм внутри. Над входом — его фреска «Успение Пресвятой Богородицы».

Под церковью устроен склеп, где покоятся супруги Бенуа, граф и графиня Коковцовы, архиереи Архиепископии православных русских церквей в Западной Европе во главе с ее основателем Митрополитом Евлогием.

Церковь была освящена в октябре 1939 года, а первые могилы появились на здешнем кладбище в 1927 году. Началось оно с того, что англичанка мисс Дороти Педжет купила на этом участке земли городка Сент-Женевьев-де-Буа старый особняк. По инициативе княгини В. К. Мещерской она предоставила здание под старческий дом пожилым русским людям.

В центре кладбища вы легко отыщете бело сверкающий под солнцем памятник Белой Гвардии. Он в форме круглого ступенчатого некрополя с каменным куполом под крестом. На его основании плиты, гласящие: «ГЕНЕРАЛУ ЛАВРУ ГЕОРГІЕВИЧУ КОРНИЛОВУ И ВСѢМЪ КОРНИЛОВЦАМЪ, павшимъ за РОДИНУ и на чужбинѣ скончавшимся», «ГЕНЕРАЛУ ДЕНИКИНУ, первымъ ДОБРОВОЛЬЦАМЪ и участникамъ походовъ: КУБАНСКАГО, СТЕПНОГО И ЯССЫ-ДОНЪ», «ГЕНЕРАЛУ ВРАНГЕЛЮ, ЧИНАМЪ КОННИЦЫ и КОННОЙ АРТИЛЛЕРІИ, за ЧЕСТЬ РОДИНЫ павшимъ», «АДМИРАЛУ КОЛЧАКУ и всѣмъ МОРЯКАМЪ РОССІЙСКИМЪ»... «ВОЗДВИГНУТЪ ЗАБОТАМИ ОБЩЕСТВА ГАЛЛИПОЛІЙЦЕВЪ ВЗАМѢНЪ РАЗРУШЕННАГО ЗЕМЛЕТРЯСЕНІЕМЪ ПАМЯТНИКА НА БРАТСКОМЪ КЛАДБИЩѢ ГОРОДА ГАЛЛИПОЛИ».

Памятник, словно последний пулеметный дзот, кряжисто упирается среди лежащих окрест надгробий с именами офицеров — будто расстрелянными пулеметными лентами... Есть тут памятники генералу Алексееву и алексеевцам, генералу

«Генералу М. Г. Дроздовскому и его дроздовцам»

Дроздовскому и дроздовцам. На плитах мемориала кадетам цветными погончиками значатся названия училищ, за честь которых дрались упокоившиеся во французской земле. Имеется и громадный мраморный крест казакам.

Для русского посетителя здесь много могил со знаменитыми именами: писатели Иван Алексеевич Бунин, Дмитрий Сергеевич Мережковский, Зинаида Николаевна Гиппиус, Надежда Александровна Тэффи, Алексей Михайлович Ремизов, Иван Сергеевич Шмелев (перезахоронен в Москве в 2000 году), Борис Константинович Зайцев, богословы Николай Онуфриевич и Вла-

Крест на могиле Н. О. Лосского работы Л. А. Успенского

димир Николаевич Лосские — отец и сын, композитор Николай Николаевич Черепнин, художники Константин Андреевич Сомов, Мстислав Валерианович Добужинский, Сергей Константинович Маковский, Зинаида Евгеньевна Серебрякова, Константин Алексеевич Коровин, танцовщик Сергей Михайлович Лифарь, актер Иван Ильич Мозжухин...

Говоря о парижских предместьях, необходимо упомянуть и о местечке Ванв, где находится **подворье Свято-Духова скита – храм во имя Святой Живоначальной Троицы**. Здешний приход основала летом 1935 года группа русских беженцев. Располагался он сначала в помещении бывшей конюшни с тремя прилегающими комнатами. В 1971 году старое здание было снесено в связи с реконструкцией, и прихожане приобрели неподалеку дом, в гараже которого оборудовали

Архимандрит Сергий (Шевич)
с монахом Григорием (Кругом)
в Свято-Духовом скиту.
1950-е годы

новое помещение под храм. Сюда перенесли престол, жертвенник и всю церковную утварь. Над входом в храм воздвигли шлемовидный купол с восьмиконечным русским крестом. С 1935 по 1945 год настоятелем храма был архимандрит Стефан (Светозаров), с 1945 по 1987 — архимандрит Сергий (Шевич), архимандрит Александр (Елисов) служил здесь с 1989 года в течение десяти лет.

В 1983 году приход приобрел участок земли, прилегающий к дому, и в 1984 году здесь началось строительство второго храма. 16 октября 1993 года он был освящен **в честь Новомучеников и Исповедников Российских**. Иконостас и иконы храма написаны учениками Леонида Александровича Успенского и инока Григория (Круга).

Многое в Свято-Духовом скиту, расположенном в деревне Мениль-Сен-Дени близ станции Анрвиль (около пятидесяти километров от Парижа по направлению к Рамбуйе, летней резиденции французских президентов), связано с памятью талантливого иконописца инока Григория, в миру — Георгия Ивановича Круга. Он родился в 1909 году в Петербурге, в 1921 году мальчиком переехал в Эстонию, окончил гимназию в Нарве. Одновременно Круг учился живописи и графике в Таллинне, а потом поступил в художественную школу в Тарту. Закончил совершенствовать свое искусство будущий монах в парижской Академии Художеств под руководством художников Милиоти и Сомова. Технику иконописания Григорий Иванович изучал у известного тогда в Русском Зарубежье иконописца Федорова.

Скончался монах Григорий в Свято-Духовом скиту 12 июня 1969 года, плодотворнейше потрудившись за свою жизнь. Им написано несколько иконостасов, в разных храмах остались иконы и фрески его письма в лучших традициях древней иконописи. Это фрески и часть иконостаса в храме парижского Трехсвятительского подворья, иконостас в одном из православных храмов Англии, иконостас часовни Иверской иконы Божией Матери детского летнего лагеря в Нормандии. Последний свой иконостас инок Григорий на-

Монах Григорий (Круг) в церкви Свято-Духова скита незадолго до кончины. 1969 год

писал для церкви в Голландии. Его иконы можно встретить и в Италии, куда монах приглашался реставратором икон. Немало его работ попало в Россию, среди которых известны икона Казанской Божией Матери, образ Господа Вседержителя.

Иконостасы в ванвской Троицкой церкви и, конечно, в храме Свято-Духова скита тоже письма инока Григория (Круга), который похоронен здесь же, в скиту, за апсидой алтаря рядом с архимандритом Сергием (Шевичем). Последние годы своей жизни монах-иконописец безвыездно жил тут и неустанно трудился в келье-мастерской. За год до смерти он перенес паралич, но и в сильном недомогании буквально до последних часов своей жизни продолжал писать иконы и исполнять клиросное послушание.

Через год после преставления инока-иконописца Григория (Круга) в его келье обнаружили тетради и записные книжки, послужившие материалами к изданной в Париже книге «Мысли об иконе». Вот с каких размышлений сей труд начинается:

«Почитание икон в Церкви — как зажженный светильник, свет которого никогда не угаснет. Он зажжен не человеческой рукой, и с тех пор свет его не истощался никогда. Он горел и горит и не пе-

Фреска работы монаха Григория (Круга) в алтаре церкви Свято-Духова скита

рестает гореть, но пламя его не неподвижно, оно горит то ровным светом, то почти невидимо, то разгорается и превращается в нестерпимый свет. И даже когда все, что враждебно иконе, ищет угасить этот свет, одев его покровом тьмы, свет этот не иссякает и не может иссякнуть. И когда от потери благочестия иссякают силы в создании икон и они как бы теряют силу своего горнего достоинства, и тут не иссякает свет и продолжает жить и готов опять явиться во всей силе и наполнить торжеством Фаворского Преображения».

В местечке Бюси-ан-От в полутораста километрах от Парижа стоит русский православный женский **монастырь Покрова Пресвятой Богородицы**, основанный 2 июля 1946 года в день памяти святого апостола Иуды, брата Господня.

Внутреннее убранство
храма Покровской обители в Бюси-ан-От

Будущая основательница этой обители Екатерина Куртен была дочерью обрусевшего француза и русской из генеральской семьи Борисоглебских, родилась в Москве в 1895 году. Росла Катя в Ялте, где в гимназии общалась с отцом Сергием Щукиным, которого высоко ценили А. В. Карташев и Патриарх Тихон. Не случайно религиозная девушка обвенчалась в 1920 году с молодым историком А. Д. Мещеряковым, собиравшимся стать священником. В 1922 году ее муж, направлявшийся в Москву рукополагаться, заболел сыпным тифом и умер.

В это время в советской России в полном разгаре был поход против церковников, монастыри, где мечтала найти себя Екатерина, закрывались. Ей удалось принять тайный постриг с именем Евдокии в 1927 году в небольшой женской обители в Крыму, в Кизельташе. В 1932 году монахиню арестовали, матушку Евдокию спасло от ГУЛАГа то, что ее отец, все же — месье Куртен, сумел использовать свою принадлежность к Франции и вывести туда всю семью.

Вначале в Париже инокиня Евдокия вошла в общину «Православное дело», созданную матерью Марией (Скобцовой). Но ее больше привлекала не здешняя социальная деятельность вместе с культурно-просветительской, религиозной работой, а молитвенный, чисто монашеский идеал. В 1938 году вместе с другими русскими монахинями матушка Евдокия обосновалась в пятидесяти километрах от Парижа в Муазене, где образовался скит в честь Чудотворной Иконы Казанской Божией Матери. Его церковь расписал инок Григорий (Круг) по планам духовника обители архимандрита Евфимия (Вендта).

Здесь инокини принимали пансионеров и во время немецкой оккупации, им удалось спасти сбитого американского парашютиста. После войны некоторое время мать Евдокия пробыла в Воскресенской обители в Роз-ан-Бри. Однако она постоянно лелеяла свою давнюю мечту, как написала потом в воспоминаниях: «Росло желание устроить монастырь, подобный тем, которые они помнили по России, с более полными богослужениями, в стороне от мирского шума».

Такая возможность предоставилась, когда в 1946 году бывший русский адвокат, известный профессор права В. Б. Ельяшевич решил подарить под монастырь свое имение в Бюси-ан-От в Бургундии. Его живописная усадьба, приобретенная в 1935 году, была широко известна среди деятелей культуры Русского Зарубежья и не просто так получила прозвище «Вишневый сад». Отсюда, например, писал письма Ивану Бунину писатель Борис Зайцев, тут нередко гостила Надежда Тэффи.

Новых хозяек монастыря Покрова Божией Матери под началом матушки Евдокии было трое, но по-

Основательница
Покровской обители
игуменья Евдокия (Куртен)

степенно жизнь в неустроенном для церковных нужд доме наладилась. Вместо временной часовни соорудили настоящую церковь, основную работу по возведению которой провел инженер Игорь Значковский, впоследствии — протоиерей. Старый колодец, увитый плющом, превратился в колокольню. Иконостас, столбы, аналой делал высококлассный столяр В. В. Оболенский, иконы расписали монахиня Иоанна (Рейтлингер) и Мария Александровна Струве-Ельчанинова.

Церковь, посвященная вместе с обителью празднику Покрова Пресвятой Богородицы, была освящена в ноябре 1948 года. В этот же день матушка Евдокия была возведена в сан игуменьи.

Среди множества трудов во времена развития и укрепления монастыря в 1953 году была постройка в глубине сада часовни в честь преподобного Серафима Саровского.

В 1969 году при обители заработала собственная типография, в которой инокиня Елизавета (в миру Елена Лейхтенбергская) возглавила издание английских переводов богослужебных текстов, необходимых православным в англоязычных странах. Немало отдал усилий по уходу за монастырским скотом бывший императорский офицер А. П. Севрюгин, к которому за консультациями по Туркестанским походам приезжал в 1974 году писатель А. И. Солженицын.

Немалый вклад в жизнь Покровской обители внесла поступившая в нее в 1971 году монахиня Серафима (в миру Антонина Михайловна Осоргина). До этого она, преподаватель русского языка, руководила воскресной школой при парижском храме Александра Невского, а в монастыре вела занятия по русскому языку и русской истории, необходимые для ставшей многонациональной общины насельниц.

Игуменья Евдокия скончалась в 1977 году, потом монастырь возглавила мать Феодосия, бывшая среди его основательниц. После кончины игуменьи Феодосии в 1992 году настоятельницей Покровской обители, входящей в Архиепископию православных русских церквей Западной Европы под омофором Константинопольского Патриархата, стала мать Ольга.

Заканчивая рассказ об истории своего монастыря в Бургундии, автор-составитель брошюры «Покровская обитель» Ирина Басова подытоживает:

«Давно уже мечтал монастырь о большей трапезной. И вот наконец в 1995 году с Божией помощью в правом крыле монастырского дома была построена красивая просторная трапезная. История этой постройки может служить прекрасной иллюстрацией тому, как богоугодная идея претворяется в дело. Множество людей принимали участие в реализации этого проекта: архитекторы, художники, друзья монастыря, друзья друзей. Оно было осуществлено благодаря молитве, благодаря пожертвованиям, а нередко и случаю».

К этому можно добавить афоризм, что случайность — это язык Бога. Вот и «секрет» нерушимого стояния русских скитов, монастырей и храмов на земле французской.

Монахиня Серафима (Осоргина)
в своей келье незадолго до кончины. 1985 год

Чудотворная икона Леснинской Божией Матери

НОРМАНДСКАЯ ОБИТЕЛЬ

О **Свято-Богородицком Леснинском женском монастыре**, ныне стоящим на земле Нормандии, лучше не скажешь, чем в альбоме «Русская Православная Церковь Заграницей. 1918–1968» под редакцией графа А. А. Соллогуба, издательства Русской Духовной Миссии в Иерусалиме РПЦЗ:

«Среди тех драгоценных святынь, которыми обладает Русское Зарубежье, имеется одна из русских жемчужин — строительница всепобеждающей русской православной культуры — Леснинский женский монастырь, находящийся во Франции... В составе монастыря имеется около 50 русских монахинь, большинство которых в возрасте от 60 до 85 лет. Каждая из них в отдельности, в материальном отношении, беспомощная нищая, а все они вместе составляют славу русской жизни, знаменем которой является находящаяся среди них **Чудотворная Леснинская Икона Божией Матери**.

Леснинский монастырь своей историей может объяснить, как чудесным образом создавалась Россия, как легко мы могли избежать ужасов русской революции, какой прекрасной, благополучной, могучей и великой могла и должна была бы быть русская жизнь, какое призвание возложено Промыслом на нашу великую страну, какой путь нашего возрождения после перенесенных тяжелых испытаний, единственная причина которых заключается в нашем всеобщем отступничестве от заветов Святой Руси».

История обители началась с обретения иконы Божией Матери в XVII веке на землях Российской Империи, ныне — Польши, за рекой Буг в селе Лесна, стоящим над речкой Белка, Яновского уезда Седлецкой губернии.

В полдень воскресенья 14 сентября 1683 года русские леснинские пастухи Александр Стельмащук и Мирон Макарук пригнали скот к сельской околице, где были окопы, земляные укрепления, помнящие крестоносцев. Вокруг тянулись густые леса, куда и на этот раз забрела часть стада. Стельмащук пошел в чащу за отставшей скотиной. Как вдруг в ветвях грушевого дерева он увидел сияние.

Пастух пригляделся — дивной красоты икона светилась над ним! Божия Матерь в ослепительном венце прижимала к себе правой рукой Младенца Иисуса, в левой Богоматерь держала книгу, а над нею витал Дух Святый в виде голубя. Их изображение, вырезанное рельефом на темно-красном овальном камне, победоносно лучилось сквозь желтеющую осеннюю листву груши, и Стельмащук пал на колени с молитвой...

Александра внезапно обуял страх, он вскочил и побежал к Мирону. Вместе они вернулись к дереву с иконой, а потом поспешили в Лесну, чтобы рассказать о чуде односельчанам. Всем миром жители пошли с ними в лес, где сняли икону с ветвей. Сначала образ находился в доме родственника Мирона — крестьянина Семена Макарука, потом икону Богоматери перенесли в русскую церковь села Буковичи, расположенного в двух верстах от Лесны.

Явленная икона начала привлекать в Буковичском православном храме богомольцев: от нее стали свершаться чудотворения. Множество паломников стекалось на поклонение иконе, Пречистая Богородица не оставляла прибегавших к Ее святому образу, исцеляя от болезней, врачуя душевные раны.

Латинское духовенство позавидовало славе русской святыни и насильно отняло икону у Буковичского священника отца Василия. Католики назначили комиссию, которая эту икону Богородицы признала чудесно явившейся в Лесне и чудотворной. В селе Лесна латиняне поместили ее в свой костел.

Минул XVII век, в XVIII столетии католический орден паулинов возвел в Лесне новый большой костел, куда перенесли чудотворную икону Божией матери, когда-то явленную православному пастуху Стельмащуку. В XIX веке паулины нераздельно царили в этом краю, имея монастырь. Но в 1863 году их представители за участие в польском восстании были удалены из своего католического монастыря, а 1875 году Леснинский костел власти передали православным, и в нем была учреждена женская община. Чудотворная икона Богоматери, обретенная православными 200 лет назад, как бы сама вернула себе прежних хозяев.

Бывший костел в Лесне перестроили в православный храм, 31 мая 1881 года его освящал архиепископ Варшавский Леонтий, который по внутреннему побуждению напророчил, что храм перерастет в монастырь, накануне на литии. Архиерей тогда при благословлении хлебов произнес вместо: «Во святем ХРАМЕ сем», — слова:

— И умножи сия во святей ОБИТЕЛИ сей.

По ходатайству владыки Леонтия Свято-Богородицкая женская обитель и была учреждена здесь в 1885 году. 19 октября 1885 года прибыла из Москвы в Лесну первая настоятельница обители графиня Евгения Борисовна Ефимовская, в монашестве — Екатерина. Ей было 35 лет и выросла она в глубоко благочестивой семье. В 19 лет графиня Ефимовская блестяще сдала экзамен по русской литературе при Московском университете, собираясь стать учительницей. Девушка была знакома со многими писателями, сблизилась с семьей Аксаковых, являясь славянофилкой. Евгения вместе с другим своим единомышленником С. А. Рачинским много сил отдала народной школе, где в преподавании делала упор на Закон Божий и историю Церкви.

Прежде чем постричься в монахини, Ефимовская была светской учительницей в Велико-Будищском монастыре на Полтавщине. Все время ее не оставляла мысль о создании новой обители, где можно было бы плодотворно воплощать в жизнь свои идеалы. На такое свое будущее Евгения получила благословение в Оптиной Пустыни у старца Амвросия.

Ефимовская углубилась в изучение богословских наук, которым она и раньше отдавала много времени. По этим вопросам она вела обширную переписку с выдающимися иерархами: архиепископом Леонтием, архиепископом Амвросием, Митрополитом Антонием (Вадковским), епископом Антонием (Храповицким). Результатом явился труд Евгении Борисовны «О диакониссах» и ряд богословских брошюр. Ее взгляды на монашество выразились в статье «Монастырь и христианский аскетизм». По данной проблеме

Евгения Борисовна опиралась на точку зрения святого праведного Иоанна Кронштадтского, наставлявшего ее в это время. Духовная писательница подчеркивала: побольше дела, поменьше самолюбования и возни с собой.

Таким образом, богослов, церковная писательница Ефимовская, строгая постница и молитвенница, приняла монашеский постриг и стала матушкой Екатериной. В Лесну она прибыла с пятью сестрами и двумя девочками-сиротами. 26 августа 1889 года женская община обители была преобразована в Леснинский Свято-Богородицкий общежительный монастырь, а инокиня Екатерина стала игуменьей.

Непросто приходилось вести общину, где священником был отец Матвей. Подвижник, не щадящий ни себя, ни других, он начинал службы в четыре часа утра и требовал присутствия на них всех сестер. Если храм был не готов к богослужению, батюшка молча уходил, вовсе не совершая службы. Поэтому матушка Екатерина бывала в церкви с трех часов. Игуменья сама несла черную работу, убирая храм, она и на клиросе пела, и канонаршила, а больше всего неустанно добивалась, чтобы росла община. Это был первый в России

Главный собор и часовня-усыпальница монастыря в селе Лесне

женский монастырь деятельного монашества, просвещающий край, где насаждались католичество и униатство.

За тридцать лет Леснинская обитель сделалась центром православия всего Забужья. Отсюда назначались настоятельницами в другие монастыри ближайшие помощницы матушки Екатерины. Сестры в Лесне обладали разными способностями, но особенно здесь ценились интеллигентные девушки, которые могли обучать детей. Из десяти учительниц монастыря девять были насельницами обители. Они учили грамоте до четырехсот девочек, из которых 250 являлись ученицами девятилетней церковно-учительской школы, приготовлявшей учительниц для церковно-приходских школ, а остальные — ремесленной и сельскохозяйственной.

За уход, прокормление и обучение детей монастырь не брал ничего. Самые маленькие жили вместе, а подросшие мальчики отправлялись в приют версты за две от монастыря, откуда приходили на церковные службы и некоторые работы. Мальчишки учились сапожному, столярному, кузнечному и слесарному делу, девочки шили, ткали. Летом ребята ездили домой к родным. Леснинская обитель традиционно славилась

Монастырский дом и церковь Леснинской обители в Провемоне

своим пением. Здешняя церковно-учительская школа обращала особое внимание на обучение управлением церковным хором, ее выпускницы — народные учительницы ценились и как регентши.

Всем больничным делом монастыря, врачебным, фельдшерским, аптекарским, заведовали сами сестры. В громадной леснинской больнице была отличная операционная, отдельные палаты для инфекционных больных, особенно с кожными болезнями, которыми страдали местные ребятишки; в лазарете постоянно действовали 60 коек. Помимо своих, больница ежегодно принимала несколько тысяч посторонних амбулаторных пациентов без оплаты, бесплатно выдавая им и лекарства. В монастырском саду для удешевления снадобий разводили лечебные травы, собирали и дикорастущие, чтобы приготовлять медикаменты подручными средствами. При обители была и богадельня для престарелых женщин.

В начале XX века монастырь имел более тысячи десятин земли и вел обширное хозяйство, в котором практиковались ученицы сельскохозяйственной и ремесленной школ. А начинала тут когда-то горстка насельниц с осушки здешних болот. Отведенные из них воды рачительно перекачивали в пруды, куда запускали рыбу. Насаживали плодовые сады, завели скот, на монастырском дворе в домиках-гнездах взялись за разведение племенных кур. Потом появилась вальцевая мельница, пошел хлеб в закрома, действовала молочная ферма. Заработали тут различные швейные мастерские, кондитерская, проложили даже собственный подъездной железнодорожный путь.

Первая группа насельниц, жившая в ветхом доме, переделанном из старых хлебных амбаров, сначала превратилась в сплоченный коллектив из двухсот сестер. Потом монастырь стал давать кров и пищу более тысяче его постоянных обитателей, костяком которых являлись 700 сестер. Лишь в самой тяжелой работе: пахоте и косьбе, — помогали наемные мужчины, остальное делали монахини с детворой.

На этой имперской окраине монастырь был носителем русской идеи и русского языка. Его просветительскую и благотворительную деятельность знали в Варшаве, Москве,

Петербурге. Отовсюду леснинским сестрам шла помошь что от богачей, интеллигенции, что от простых верующих.

С основания Леснинской обители щедрым ее благотворителем был святой праведный Иоанн Кронштадтский. Перед прибытием сюда в 1899 году всероссийского молитвенника тысячи паломников стеклись в Лесну для принятия от него благословения. А отец Иоанн задержался к обещанному сроку, и пришлось монастырю кормить эту армию богомольцев.

Зато чудесно было посещение монастыря «всероссийским батюшкой» Иоанном Кронштадтским. Он благословил тружениц

Икона Святого Праведного Иоанна Кронштадтского в храме Леснинской обители

обители на дальнейший подвиг и исцелил многих приехавших сюда больных. На прощание батюшка прикоснулся к плечу игуменьи и произнес:

— Екатеринушка, Екатеринушка, со временем у тебя процветет лавра!

Святой праведный Иоанн Кронштадтский добавил, что из Леснинской обители как из пчелиного улья будут вылетать рои. И в этом пророчестве, как и в других по поводу монастыря, он не ошибся: в Краснотоке, Вирове, Теолине, Радечнице, Зодуленци, Кореце отпочковались от Лесны новые женские монастыри, а после переезда обители в Югославию и там образовывались из нее сербские женские обители. Отец Иоанн столь близко принял к сердцу дела Лесны, что в возведенном им в Петербурге Иоанновском

Игуменья Екатерина

монастыре наказал соорудить особую пристройку для гостей из Леснинской обители.

Исключительное внимание проявляли к Леснинскому монастырю Государь Император Николай II и Государыня Александра Федоровна. Августейшая чета особенно благоволила игуменье Екатерине, происходившей из рода Рюриковичей. Впервые Царственные супруги побывали в Лесне в августе 1900 года, о чем в газетах писали:

«...После трапезы Их Величества подробно осматривали монастырские храмы и здания, наиболее продолжительное время пробыв в школе, где от воспитанников и воспитанниц приняли изготовленные ими вещи: изящный пресс в форме токарного станка и три пары искусно изготовленных плетеных туфель, предназначенных для Великих княжон: Ольги, Татьяны и Марии.

Многочисленная толпа народа все время неотступно провожала Царя и Царицу, окружив их тесным кольцом. Их Величества осмотрели красиво расписанную снаружи Воскресенскую церковь, построенную в русском стиле, и монастырскую больницу. А затем, прибыв к воротам, где стояло местное духовенство с чудотворной иконой Божией Матери, благоговейно приложились к этой прославленной и народом горячо почитаемой святыне.

Отъезжая из Леснинского монастыря, Государь собственноручно изволил пожаловать Игумении Екатерине драгоценный крест, украшенный камнями, а на нужды монастыря еще 5 000 рублей...»

Государь с Государыней неоднократно посещали Лесну, где молились в монастырских храмах и пили воду из благодатного колодца на месте обретения Чудотворной иконы. В Петербурге было открыто подворье Леснинского монастыря.

Проникновенной взаимностью отвечали Императору с Императрицей монахини-леснянки. Во время революционных волнений 1905 года в Западном крае Империи распространялись слухи, будто бы Царь с Царицей и сам отец Иоанн Кронштадтский отступили от Православия, поэтому при якобы намеченном земельном разделе крестьяне, оставшиеся православными, земли не получат.

Матушка Екатерина собрала депутацию заволновавшихся крестьян и повезла их в столицу за правдой. Они оказались в царском дворце вскоре после Пасхи, и на аудиенции в кабинете Государя старший из крестьян «проверил» Августейшую чету возгласом:

— Христос Воскресе!

Государыня ответила как положено:

— Воистину Воскресе.

Старик обратился к Государю:

— Правда ли, что ты, Царь-батюшка, уже неправославный?

Государь Николай Александрович перекрестился и сказал:

— Нет, это враги нашей Церкви и Родины распространяют такие слухи. А я как был, так и буду верен православной вере.

В своем рескрипте выдающейся настоятельнице Леснинской обители игуменье Екатерине 12 октября 1907 года Государь писал:

«Мать Игумения Екатерина! Покинув мир и посвятив себя служению делу Божию, вы в 1885 году возымели намерение основать в селении Лесна Седлецкой губернии церковную женскую общину для достижения религиозно-просветительных и благотворительных задач в среде местного населения... Ваш добрый пример нашел себе ревностных последовательниц, и трудами их, по образцу Леснинской общины, уже созданы две общины — Вировская и Радечницкая, впоследствии также обращенные в монастыри, и монастыри: Теолинский, Краснотокский и Березвяческий. Все они, будучи проникнуты общим единодушным настроением, делают в крае истинно-христианское православно-русское дело, служа твердым оплотом к укреплению веры и русского народного самосознания...»

Леснинский монастырь имел шесть храмов. Во-первых, главный, четырехпрестольный собор в честь Воздвижения Креста Господня, в котором находилась Чудотворная икона Божией Матери. Здесь с правой стороны имелся придел во имя преподобного Сергия Радонежского и святителя Леонтия Ростовского, с левой — придел во имя Афанасия игумена Брестского. Стоял в обители и храм в честь Святой Троицы, имевший внутри колодец, который образовался на том месте, где росла груша, в ветвях коей явился Чудотворный образ. С одной стороны этого храма была пристройка с емкостями целебной колодезной воды и окошками, в которые ее отпускали прихожанам. С другой стороны Троицкой церкви тянулся ряд будочек-исповедален.

Еще один храм — во имя мучеников Антония, Иоанна и Евстафия — был небольшим. В одном из монастырских домов находилась зимняя церковь во имя мучениц Веры, Надежды и Любови. А при сельскохозяйственной школе помещалась церковь в честь Введения во Храм Пресвятой Богородицы. Однако эти монастырские церкви не могли вместить всех молящихся по большим праздникам, на которых здесь иногда бывало до 25–30 тысяч человек.

Чтобы выйти из положения, матушка Екатерина основала своеобразнейший храм на монастырском лугу. На высоком каменном фундаменте, служившим склепом, поставили небольшую бревенчатую церковку со сплошными окнами по стенам. В ней был только алтарь и небольшие клироса для певчих. Через открытые окна службу видели далеко окрест, как и слышали священников. При выносе Святых Даров причащающиеся попарно поднимались к ним по одной боковой лесенке и спускались по другой. По сути дела, царил здесь распахнутый на все стороны алтарь, а куполом было небо.

В 1908 году, собираясь принять схиму, матушка Екатерина сложила с себя настоятельство и передала его своей верной соратнице, незаменимой помощнице, казначею монастыря матери Нине. Эта удивительная подвижница рано потеряла мать и поставила на ноги всех своих братьев и сестер. В монастырь Нина бежала против воли своего отца, председателя Виленского окружного суда. Она изучила медицину на фельдшерских курсах, а сама не выходила из болезней, среди каковых был и туберкулез. За всю свою жизнь Нина перенесла около сорока операций, при которых ей 16 раз вскрывали брюшину.

Несмотря ни на что, инокиня Нина безропотно тянула огромный воз монастырской хозяйственно-административной части. Это она начала осушение болот, окружавших обитель. Матушка Нина, то прораб, то архитектор, то экономка, из гнилых топей устроила удивительнейшую систему леснинских проточных прудов, где плескалась рыба. Эти водные артерии орошали и громадный сад. Из-за последующей судьбы России и обители матушке Екатерине так и не удастся отойти от дел, вместе с игуменьей Ниной она понесет и в беженстве свое духовное водительство, пока не скончается в югославской больнице в 1925 году.

Перед Первой мировой войной в Леснинском монастыре было свыше четырехсот монахинь и ста служащих, на попечении которых находилось 700 детей, начиная с полугодовых малышей. С комплексом своих храмов и учреждений монастырь, действительно, как предрекал святой праведный Иоанн Кронштадтский, стал подобен лавре. И сбылось другое предсказание отца Иоанна — о том, что придется обители покинуть свое насиженное место. В 1915 году русские войска отошли за реку Буг — монастырю тоже пришлось эвакуироваться вглубь Империи.

Вторая часть «биографии» знаменитого русского монастыря с его «лесняночками» тянется в скитаниях и мужественном исповедничестве.

В 1915 году Чудотворная икона Леснинской Божией Матери отправилась на Леснинское подворье в Петроград. Около ста сестер поселилось в столичном Новодевичьем Воскресенском монастыре. Четыреста сестер принял Иоанновский монастырь, и вспомнили старые здешние матушки слова отца Иоанна Кронштадтского, еще когда наказывавшего зодчим их Леснинской пристройки:

— Прибавьте, прибавьте построечек. Надо будет и лесняночек приютить.

Поехали в разные концы России более шестисот учащихся обители. Школы духовного ведомства — в Понетаевский женский монастырь Нижегородской губернии, школы министерства народного просвещения — в Тверскую губернию, сельскохозяйственная школа министерства земледелия — в Бессарабию.

Жили леснинские сестры в Петрограде до августа 1917 года, когда епископ Холмский Анастасий пригласил их к себе в Кишиневскую епархию. Матушки Нина и Екатерина, у которой по застарелому заболеванию в апреле ампутировали ногу, повезли своих леснянок в Шапкинский монастырь на реке Днестр, возле села Шапка между городами Каменкой и Водрашковым. Удачно они там оказались незадолго до Октябрьского переворота в Петрограде.

Около четырех лет пробыли леснянки на Днестре под румынской властью, пережив особенно лихое время, когда разваливался русский Румынский фронт, и приютивший монахинь монастырь громили и грабили беспризорные солдатские орды. Уезжать же все равно пришлось, так как местная администрация стала настаивать, чтобы русские приняли румынское подданство и установили церковную службу на румынском языке.

К осени 1920 года матушки Екатерина и Нина решили переезжать к приглашавшему их верному другу и защитнику русских беженцев сербскому королю Александру. Так 62 леснинские монахини оказались в Белграде, где их сердечно приветствовал Патриарх Сербский Димитрий и владыка Досифей. Весь Священный Архиерейский Собор Сербской Православной Церкви с особой радостью принял леснянок, надеясь, что монахини со Святой Руси возродят на их родине женские монастыри, совершенно исчезнувшие со времени турецкой оккупации.

Сначала леснянки поселились в Королевстве сербов, хорватов и словенцев (с 1929 года — Королевство Югославия) в монастыре Куведжин, а спустя несколько месяцев — в Хоповском монастыре, где и пробыли следующие 20 лет. Этот древний монастырь лежал в живописной долине между лесистых склонов на Фрушкой горе и был когда-то мужским. К нему и поныне ведет дорога из города — невдалеке от Белграда, на Дунае — Новый Сад, который горько прославился при бомбежке Сербии в 1999 году сворой натовских государств.

Воздвиг монастырь Хопово в конце XVI века сын святой деспотисы Ангелины (Бранкович) владыка Максим. С первых лет своего основания обитель стала просветительским центром. Когда в Белграде еще не было школ, сюда отдавали детей для обучения грамоте. В 1817 году тут основали богословскую школу для монахов. Главный храм Хоповского монастыря был посвящен святителю Николаю Угоднику, капелла — святому Стефану.

В 1923 году в Хоповской обители леснянок посетил король Александр, отметивший высокий класс певчих из русских монахинь. После смерти в 1925 году основательницы Леснинской обители матушки Екатерины управление общиной полностью перешло к игуменье Нине, а монастырским имуществом и хозяйством заведывал игумен-серб отец Паисий, духовником же Хопова состоял протоиерей Алексей

Монастырь Хопово

Нелюбов. Леснянки и здесь не прерывали своей традиции по призрению сирот, воспитанию детей, помощи немощным. За два десятка лет через руки сестер прошло около полутысячи ребятишек. Детский приют был под надежнейшей опекой монахини Феодоры, в миру — княгини Львовой, будущей третьей настоятельницы кочующей Леснинской обители.

С началом Второй мировой войны и немецкой оккупации область Срема, в которой находился Хоповский монастырь, вошла в новое хорватское государство. Поставленный в обители хорватский управитель с женой-баптисткой разнузданно вел себя с православными сестрами, пытаясь поработить их, отнимая нехитрый скарб. Попадали монахини и под пули хорватских националистов-«усташей», воевавших из-за монастырских стен с сербскими партизанами.

В канун праздника Покрова 1942 года уездная хорватская власть стала выгонять леснянок из обители куда глаза глядят под угрозой расстрела, разрешив взять с собой лишь ручную кладь. Сестры ночью встали на молитву перед своим Чудотворным образом Богородицы.

Утром часть монахинь отправили на железнодорожную станцию Рума для переброски в Сербию, ждали своей участи остальные. Хорват-управитель куражился:

— Посмотрим, как ваша Божия Матерь покроет вас.

Леснинская Божия Матерь их охранила! Одной из сестер в Руме удалось связаться с местным председателем Русской колонии, а тот доложил о творящемся произволе хорватов немецкому командованию. Русских монахинь со станции вернули обратно в монастырь, где они прожили зиму и весну до нового лиха.

На Страстной неделе коммунисты-партизаны подожгли обитель православных инокинь. Горел монастырь как факел, осколками била взрывавшаяся раскаленная черепица, рушились стены зданий. Сестры в огне сражались лишь за один дом — за храм, спасая иконы и священные книги. Высокая мощная красавица, бывшая княгиня мать Феодора вела дружину инокинь заливать водой лестницу, они топорами разбивали крышу...

Пасху и половину весны 1943 года леснянки из обуглившегося Хоповского монастыря прожили в приютивших погорельцев местных православных семьях сербов. Оккупационные немецкие власти все-таки выслали русских в Сербию.

В Белграде Леснинский монастырь весь поселился в двух комнатах общежития для стариков и старух на городской окраине Сеньяк. Была теснота и голод, а с неба посыпались американские бомбы.

Леснянки при самых страшных бомбардировках не уходили в бомбоубежище, оставаясь в молитвах при своей Чудотворной иконе. Леснинская Божия Матерь, чей образ когда-то явился пастуху на дереве, не срамила возлагавших упование на Нее. Сметали дома и все живое вокруг американские авиаудары, но ни ветхая крыша общежития, ни кто-либо из пребывавших при Леснинской иконе — теперь и многие местные жильцы — не пострадал. Однажды шесть бомб упало прямо во двор общежития, но ни одна из них не разорвалась... На этой бомбежке от осколков при других взрывах убило лишь во флигеле старушку, которую муж на этот раз не пустил под покров Чудотворной иконы.

С занятием Белграда партизанскими частями югославских коммунистов и Красной армии из-за «катюши», бьющей от общежития, начался ответный артиллерийский обстрел немцами дома, где жили сестры. Немецкие снаряды врезались в дом с кельями леснянок, падали во дворе, но опять-таки не было жертв среди инокинь, надежно укрытых омофором иконы-чудотворительницы.

Тем не менее гораздо изнурительнее, нежели военная, оказалась жизнь Леснинской общины под последующим коммунистическом игом в «освободившейся» Югославии. Красные власти то и дело стремились монахинь из их битого-перебитого здания бывшего общежития выгнать. Сестры молились перед своей иконой — очередная гроза проносилась. Однажды коммунисты объявили, что назавтра обязательно приедут за монахинями подводы, которые вывезут, «уберут» их за город. Но с вечера начал падать густой снег, который намел к рассвету непроезжие высоченные сугробы.

В 1949 году скончалась игуменья Нина, и на ее место встала настоятельницей величественная матушка Феодора. Обители, находившейся в юрисдикции РПЦЗ, все же грозила

Третья настоятельница Леснинской обители игуменья Феодора

опасность высылки в СССР. Игуменья Феодора, вдохновленная одним из собственноручных писем святого Иоанна Кронштадтского, в котором праведник посмертно обещал о них, его духовных дочерях заботиться, огромными усилиями добилась виз на въезд во Францию.

В 1950 году осколки, но какие! — славной Леснинской женской обители обосновались сначала в Сен-Клу, а с декабря наняли дом для монастыря в окрестностях Парижа в селе Фуркё. Раньше здание принадлежало католическому ордену, до войны в нем была семинария. Теперь этот пустой, заброшенный дом надо было кропотливо благоустраивать.

Денег хронически не хватало, а требовалось постоянно вносить плату за аренду. Сестры старались как могли: шили облачения, плели четки, писали иконы по старинным образцам, выделывали свечи из своего воска, пекли просфоры, обрабатывали огород... А недостаток средств сказывался во всем. Один из русских друзей монастыря еще при найме этого здания в Фуркё спрашивал у матушки Феодоры:

— Будет ли у вас достаточно денег, чтобы вносить наемную плату?

Бывшая княгиня невозмутимо отвечала:

— Сумма для меня безразлична, так как денег у нас вообще нет.

— На что же вы рассчитываете?

— На Матерь Божию, — спокойно сказала игуменья.

— Хорошо, но надо что-то реальное!

Матушка Феодора глядела на собеседника лучистым взглядом.

— Для нас это самое реальное.

Удивительно, а правда — каждый раз для внесения платы за наем деньги откуда-то брались: от жертвователей, с неожиданных доходов и так далее, и тому подобное. Неся теперь на французской земле миссию утешать, укреплять в вере соотечественников, свидетельствовать перед инославными истину и красоту Православия, леснянки сокрушались лишь об одном,

Рака с мощами святого Клотуальда —
небесного покровителя города Сен-Клу, находящаяся
в местном католическом храме

Провемон, вход в Леснинский монастырь

о самом своем «леснянски» исконном: детишек не могли из-за выпавшей скудости содержать и обучать.

Весной 1967 года Божия Матерь как бы Сама указала дальнейшее место, где пребывать Ее Чудотворному Леснинскому образу. Монахини игуменьи Феодоры, искавшие новое жилище, подъезжая к селу Провемон, заметили на перекрестке дорог статую Божией Матери. Сестры единодушно почувствовали, что в Провемоне нужное им место. Они не ошиблись. В здешнем старинном поместье были даже остатки рвов со времен крестоносцев — совсем как в Лесне!

Явившиеся многочисленные жертвователи собрали деньги на покупку для леснянок в Провемоне, лежащим на нормандской земле в ста километрах на северо-запад от Парижа, усадьбы на тринадцати гектарах.

Тут был большой дом с хозяйственными постройками, окруженный запущенным парком с прудом и речкой. А главное, в имении высилась вместительная церковь, построенная 200 лет назад. В день памяти святого праведного Иоанна Кронштадтского 19 октября (1 ноября) 1967 года новоселы Леснинской обители совершили в ней первую службу. Освящен был сей новый монастырский храм в 1968 году в день сентябрьского праздника обретения Чудотворной Леснинской иконы.

Храм в честь Рождества Христова.
Флоренция, Италия. Фото С. Н. Забелина

Храм во имя Святителя Николая Чудотворца.
Бари, Италия

Храм во имя Христа Спасителя.
Сан-Ремо, Италия. Фото С. Н. Забелина

*Храм во имя Первоверховных Апостолов Петра и Павла.
Карловы Вары (Карлсбад), Чехия. Фото С. Н. Забелина*

*Храм во имя Святого Равноапостольного Князя Владимира.
Марианске-Лазне (Мариенбад),Чехия. Фото С. Н. Забелина*

Храм во имя Святой Праведной Елизаветы. Висбаден, Германия. Фото С. Н. Забелина

Мраморное изваяние великой княжны Елизаветы Михайловны над ее могилой. Висбаден, Германия. Фото С. Н. Забелина

Храм в честь Всех Святых.
Бад-Хомбург, Германия. Фото С. Н. Забелина

Храм во имя Святой Равноапостольной Марии Магдалины. Дармштадт, Германия. Фото С. Н. Забелина

Перестроенная, заново отделанная церковь нынешнего Свято-Богородицкого Леснинского женского монастыря в Провемоне, которая может вместить несколько сот человек, светит с тех пор своим иконостасом, сооруженным по проекту талантливого архитектора Русского Зарубежья М. Ф. Козмина. Иконы в древнерусском стиле написала монастырская монахиня Флавиана. В 1969 году здесь была расписана заалтарная стена, водружены привезенные из Греции семисвечник, массивные подсвечники.

Иконостас из церкви в Фуркё находится в домовой часовне, где читаются полунощница и вечерние молитвы. Со старого места сюда перевели также пасеку, птицеферму. Монахини насадили фруктовый сад, постоянно трудятся на большом огороде. Ныне настоятельницей Леснинского монастыря в Провемоне служит матушка Макрина.

Главной святыней Леснинской обители по-прежнему остается Чудотворный образ Богородицы, богат монастырь и святыми мощами. Из России были вывезены частицы мощей

Внутреннее убранство церкви Леснинской обители

Киот с Чудотворной иконой Леснинской Божией Матери

преподобномученика Афанасия игумена Брестского, из Сербии — преподобномученицы Анастасии Римлянины, великомученика Феодора Тирона, первомученика Стефана и преподобного Стефана Савваита. Частицы мощей святого Максима и его матери праведной деспотисы Ангелины, основавших сербский Хоповский монастырь, приютивший леснянок после их бегства из красной России, обитель получила уже во Франции.

Во Франции Леснинский монастырь получил также частицы мощей апостола Андрея Первозванного, святителя Николая Угодника, великомученика Георгия Победоносца, равноапостольной Марии Магдалины, великомученицы Варвары, священномученика Дионисия Ареопагита, мучеников Косьмы и Дамиана, преподобного Пимена Великого, Митрополита Петра Московского, великомученика Пантелеимона, матери Богородицы святой праведной Анны, святой мученицы Лукии-девы, святого Алексия.

Все эти нетленные части святых праведников были привезены инокиням со Святой Горы Афон и из Святой Земли. Кроме того, на этот счет в последней «летописной» книге обители «Свято-Богородицкий Леснинский монастырь», изданной в Мадриде в 1973 году, многозначительно указано:

«...А некоторые пожертвованы старыми людьми, которые боялись, чтобы после их смерти эти святыни не попали в неблагоговейные руки...

Увеличившееся социальное обеспечение в Европе и в Америке все больше и больше полагает задачу зарубежного монашества не в благотворительности или медицинской помощи нуждающимся, а в духовной помощи скорбящим, сомневающимся, одиноким, потерявшим душевный мир и даже совсем отошедшим от Церкви.

А головокружительный рост безбожия, разврата и всякого другого зла ставит другую задачу, может быть, еще более насущную и важную — наглядное свидетельство, даваемое монастырем, о реальной возможности иной чем в миру жизни — жизни для Бога и в Церкви — и о столь же реальном благословении свыше этой жизни, чудесной помощи и защите».

Храм во имя Святой Равноапостольной
Марии Магдалины на Святой Земле

ГЕФСИМАНИЯ

Святые мощи Великой княгини Елизаветы Федоровны, урожденной принцессы Елизаветы Гессен-Дармштадтской, сестры Государыни Александры Федоровны — супруги Царя-Мученика Николая Второго, в 1920 году упокоились под нижними сводами **храма во имя Святой Марии Магдалины** на Святой Земле в Гефсиманском саду около Иерусалима.

Путь гроба праведницы сюда, в Гефсиманию — вблизи Всесвятой Гробницы Богоматери, был чудесен. Он удивителен начиная с того, что в 1888 году Елизавета Федоровна присутствовала здесь при освящении храма Марии Магдалины со своим супругом Великим князем Сергеем Александровичем, основателем Императорского Православного Палестинского общества, и полюбила это место. Продолжилось же ее посмертное паломничество следующим образом.

После Октябрьского переворота большевики первое время не трогали московскую Марфо-Мариинскую обитель Милосердия, где Елизавета Федоровна была настоятельницей. Но уже в начале 1918 года кроме Императорской семьи арестовали многих членов Дома Романовых. На вторник Светлой Седмицы, в праздник Иверской иконы Божией Матери, пришел черед Великой княгини. В этот весенний день Патриарх Тихон отслужил в Марфо-Мариинской обители молебен, после которого остался и беседовал с сестрами и настоятельницей до четырех часов. Будущий исповедник святитель Тихон как бы благословил на подвиг будущую новомученицу Елисавету.

Через полчаса после отъезда Патриарха к монастырю подкатила машина с чекистами. Их комиссар приказал Елизавете Федоровне немедленно ехать с ними. Она попросила дать ей пару часов, чтобы сделать последние распоряжения, назначить заместительницу и попрощаться с сестрами. Настоятельница хотела напоследок обойти свою больницу, приют, дом престарелых. Великая княгиня получила на это только полчаса. Елизавета Федоровна успела лишь собрать сестер и дать им последнее благословение. Побоями оторвали их от настоятельницы чекисты около ворот. Вместе с Елизаветой Федоровной разрешили ехать только инокиням Варваре (Яковлевой) и Екатерине (Янышевой).

Великую княгиню Елизавету Федоровну повезли в Пермь, где ее вместе со спутницами поместили в женском монастыре. Потом был их путь на будущее место казни — Алапаевск, куда они прибыли 20 мая 1918 года и соединились с другими арестованными.

Здесь еще не подозревавших о своей судьбе смертников поместили в Напольную школу на краю города. Каменное здание состояло из четырех больших и двух маленьких комнат. В первой большой комнате разместились бывший генерал-инспектор артиллерии Великий князь Сергей Михайлович и сын Великого князя Павла Александровича, молодой поэт князь Владимир Палей, их служащие Ремез и Круковский. В следующей — бывшие фронтовые офицеры князья-братья Константин Константинович и Игорь Константинович. В угловой комнате поселили Великую княгиню Елизавету Федоровну с монахинями Варварой и Екатериной. В другой угловой жил награжденный Георгиевским оружием в минувшую Первую мировую войну князь Иоанн Константинович — третий брат Константиновичей, сыновей Великого князя Константина Константиновича, знаменитого поэта К. Р. В комнате рядом с ним находился служащий Калин.

До середины июня арестанты жили в сносных условиях: могли трудиться на огороде, им разрешалось ходить в местную церковь и гулять по окрестностям без охраны. 21 июня у заключенных отобрали серебряные и золотые вещи, другое личное имущество, оставив лишь по паре обуви, две смены белья и носильную одежду; запретили выходить из школьной ограды.

Великокняжескую прислугу и келейниц Елизаветы Федоровны отправили в Екатеринбург к чекистскому начальству.

Там инокини стали наста-
ивать, чтобы их вернули к
Великой княгине в Алапа-
евск, а их запугивали ее
дальнейшей судьбой. Мона-
хиня Варвара (Яковлева)
сумела отстоять христиан-
ское право выбора: муче-
ничество вместо свободы.
Крестовая сестра Марфо-
Мариинской обители Ми-
лосердия Варвара верну-
лась в заключение к мату-
шке Елизавете, чтобы не
расставаться с нею до их
гибели. Из служащих оста-
лись с княжескими мучени-
ками она да Ф. М. Ремез.

В ночь на 17 июля в
Екатеринбурге расстреля-
ли Государя Императора

*Святая Преподобномученица
Великая княгиня Елисавета*

Николая II вместе с его семьей и приближенными, а днем
17-го взялись за смертников в Алапаевске. Явившиеся чекисты
во главе со Старцевым заменили красноармейцев-охранников,
отобрали у арестантов последние деньги и сообщили, что их
перевозят для дальнейшего заключения неподалеку от Алапаевска на Верхне-Синячихинский завод.

Смертников разбудили в ночь на 18 июля — праздник
обретения мощей преподобного Сергия Радонежского, день
Ангела убитого террористами супруга Елизаветы Федоровны
Великого князя Сергея Александровича, именины и здешнего
узника Великого князя Сергея Михайловича. Заключенных
посадили в телеги, повезли дорогой на деревню Синячиху.
Нужный чекистам заброшенный рудник был в восемнадцати
километрах от Алапаевска. В нем для расправы палачи на-
метили шахту Нижнюю Селимскую в 60 метров глубиной.
Из стен этой пропасти торчали полусгнившие бревна, а на
дне стояла глубокая вода.

Телеги около рудника остановились, чекисты внезапно погнали смертников к жерлу шахты. Первой стали толкать к краю прикладами Великую княгиню Елизавету Федоровну. Она крестилась и молилась с возгласом:

— Господи, прости им! Не знают, что творят!

Елизавета Федоровна полетела вниз, стали вслед сталкивать других... Артиллерист, близкий друг Государя, Великий князь Сергей Михайлович не поддался, он вырвался и схватил одного из убийц за горло. Его застрелили в голову, единственного сбросив мертвым. Потом большевики начали закидывать шахту ручными гранатами. Они рассчитывали, что взрывы обрушат ее стены, добьют жертвы, надежно засыплется эта могила, на дне которой должны были утонуть узники, если не разбились при падении.

Когда гранатная канонада стихла, в страшном ночном безмолвии палачи услышали голоса снизу, стоны... и вдруг молитвенное пение:

— Спаси, Господи, люди Твоя-я-я...

В ужасе чекисты начали заваливать шахту валежником, хворостом. Подожгли костер, забивший штрек. Но из пламени, дыма в ночь наверху доносилось, вонзалось православное пение.

Осколки гранат убили на дне шахты только Федора Ремеза. Елизавета Федоровна упала на выступ в пятнадцати метрах ниже ее зева. Рядом с ней угодил 34-летний князь Иоанн, супруг дочери короля Сербии, отец двоих детей. Именно Иоанчика, как называли князя в семье, больше всех из Константиновичей любила Великая княгиня. Он выделялся молитвенностью, исключительной духовной настроенностью, Елизавета Федоровна подолгу беседовала с ним на религиозные темы.

Рядом с Великой княгиней валялись две гранаты, не разорвавшиеся, наверное, потому, что телу Новомученицы предстояло путешествовать не изуродованным. Вряд ли Елизавета Федоровна обратила на гранаты внимание — князь Иоанн лежал с разбитой головой и стонал. Она сама была изувечена ударами прикладов, расшиблена падением, особенно

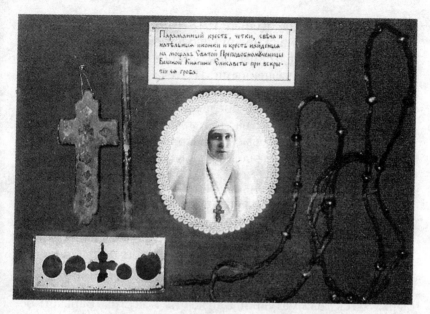

Параманный крест, четки, свеча, нательные
иконки и крест, найденные при вскрытии гроба
преподобномученицы Елисаветы; хранятся
в Гефсиманском храме подле ее мощей

ударами о торчащие бревна лбом и левым виском. Но матушка
Елисавета нащупала свой апостольник и перевязала им голову Иоанна. Ее грела иконка Спасителя, которую удалось
спрятать от чекистских мародеров на груди. Образ, украшенный драгоценными камнями, был надписан по обороту:
«Вербная Суббота 13 апреля 1891 года», — день перехода Великой княгини, бывшей немецкой принцессы, в Православие.

Оставшиеся в живых узники долго умирали от ранений,
жажды и голода. Пока были силы, они пели молитвы. Ока-
завшийся здесь спустя некоторое время после чекистского
отъезда крестьянин слышал из глубины шахты «Херувим-
скую песнь»… Когда тела мучеников извлекут, у Елизаветы
Федоровны, монахини Варвары, князя Иоанна пальцы правой руки будут окостеневшими в троеперстии.

Пришедшие сюда осенью 1918 года следователи армии адмирала А. В. Колчака под руководством генерала М. К. Дитерихса по свидетельским показаниям местных в октябре раскопали шахту с казненными. Их тела обмыли, одели в белые саваны, положили в простые деревянные гробы и отпели в Свято-Троицком соборе после заупокойной литургии.

Из-за наступления Красной армии игумен Серафимо-Алексеевского скита Пермской епархии отец Серафим получил разрешение везти гробы из склепа Свято-Троицкого собора в более безопасное место. Батюшка Серафим был особо доверенным лицом, являлся другом и духовником Великой княгини Елизаветы Федоровны. Помощниками с ним поехали послушники Максим Канунников и Серафим Гневашев.

1 июля 1919 года восемь гробов с новомучениками по железной дороге направились в Читу. Прибыли туда в августе, с помощью местных русских и японских офицеров отец Серафим доставил покойных в женский Покровский монастырь. Здесь тела матушки Елизаветы и сестры Варвары облачили в черные монашеские одежды.

В одной из келий, сняв доски пола, вырыли неглубокую могилу и опустили туда восемь гробов, присыпав сверху землей, — в надежде окончательно упокоить останки после завершения Гражданской войны. В этой келье стал жить отец Серафим, о чем помогавший знаменитому колчаковскому следователю Н. А. Соколову капитан П. П. Булыгин в своей книге на английском языке «Убийство Романовых» рассказывает:

«Я находился менее чем на фут от гробов, когда я спал в его келье на раскинутой на полу шинели.

Однажды ночью я проснулся и увидел, что монах сидит на краю своей постели. Он выглядел таким худым и изможденным в своей длинной белой рубашке. Он тихо говорил: "Да, да, Ваше Высочество, совершенно так..." Он определенно разговаривал во сне с Великой княгиней Елизаветой. Это была жуткая картина при тусклом мерцании единственного фитиля перед иконой в углу».

Под напором наступающей большевицкой армии 26 февраля 1920 года останки мучеников повезли к границе Китая в изгнание. И там в последний раз обрушились на страдальцев красные: шайка местных коммунистов ворвалась в вагон и хотела выкинуть останки, сбросила на землю гроб с телом князя Иоанна. Подоспевшие китайские солдаты помогли батюшке и его послушникам остановить кощунство. В апреле 1920 года гробы прибыли в Пекин, где их поместили в склеп на кладбище Русской Духовной миссии.

Сразу для упокоения мучеников начали сооружать новый склеп здесь у храма Святого Преподобного Серафима Саровского. В него позже перенесут шесть гробов — Великого князя Сергея Михайловича, братьев-князей Константиновичей Иоанна, Константина и Игоря, князя Владимира Палея, Федора Ремеза. Они пробудут в склепе до 1945 года, когда на китайскую землю придет Красная армия и воцарится здесь коммунистическая власть. С тех пор о святом захоронении неизвестно.

Сестры Великой княгини Елизаветы Федоровны Виктория и Ирена из Гессенского Дома, оставшиеся вдвоем после ее гибели и другой их сестры — Государыни Александры Федоровны, и их брат Эрнест, узнав о прибытии в Китай останков Елизаветы — Эллы, как звали Елизавету Федоровну в бытность немецкой принцессой, пожелали, чтобы ее тело и инокини Варвары отправили в Иерусалим и похоронили у храма Святой Марии Магдалины. Они хорошо помнили, как восхищалась этой церковью в Гефсимании в 1888 году Элла — Елизавета Федоровна — на ее освящении.

Стараниями принцессы Виктории Гессен-Дармштадтской, теперь маркизы Милфорд-Хевен, гробы Великой княгини и ее келейницы в ноябре 1920 года были переправлены из Пекина в Тянь-Тзин, а оттуда пароходом — в Шанхай. Для этого принцесса Виктория приехала в Китай, откуда в декабре писала брату Эрнсту Людвигу, Великому герцогу Гессенскому и Прирейнскому:

«Мой дорогой Эрни...

Я знаю, что ты чувствуешь в отношении Эллы. Ты был всегда "ее ребенком".

Со времени революции я имела от нее только два письма, переданные мне в руки. Последнее, написанное незадолго до ее увоза из Москвы, было только, чтобы сообщить, что все хорошо у нее и в Доме (в Марфо-Мариинской обители. — *В. Ч.-Г.*), *и было написано в закамуфлированном виде, как будто от начальницы женской школы в Нью-Йорке, так как тот, кто привез его, был американцем.*

Другое было написано весной 1917 года, и там она говорит: "Господни пути являются тайной, и это поистине великий дар, что мы не можем знать всего будущего, которое уготовано для нас. Вся наша страна раскромсана на маленькие кусочки. Все, что было собрано веками — уничтожено, — и нашим собственным народом, который я люблю всем моим сердцем. Действительно, они морально больны и слепы — чтобы не видеть, куда мы идем. И сердце болит, но я не испытываю горечи. Можешь ли ты критиковать или осудить человека, который находится в бреду, безумного? Ты только можешь жалеть его и жаждать найти для него хороших попечителей, которые могли бы уберечь его от разгрома всего и от убийства тех, кто на его пути".

Я слышала — это было сказано одним из тех, кто был при ее смерти, — что она молилась: "Господи, прости, ибо они не знают, что творят". И я верю этому, потому что — как мог кто-то, не зная ее, вложить эти слова в ее уста?..»

Из Шанхая так же морем останки мучениц прибыли в египетский Порт-Саид в январе 1921 года. При гробах вместе с принцессой Викторией неотлучно был игумен Серафим, послушники Максим, Серафим и член колчаковской Следственной комиссии, возглавлявшейся следователем Н. А. Соколовым, А. П. Куликов. Из Порт-Саида принцесса Виктория писала брату:

«Мой дорогой Эрни,
мы прибыли сюда в полночь... Здесь есть греческая церковь, и гробы на ночь были оставлены там. Мы пошли в церковь. Задрапированные в черное, они только что были установлены в маленькой боковой часовне. Там были: отец Серафим, монах, который ни разу не оставил их еще с Алапаевска; греческий священник и несколько русских людей... Только по одной свече горело у изголовья каждого гроба...

Наружные гробы сделаны из дерева — китайского тика, с медной окантовкой, и большой медный Православный крест на них, и наверху — в голове Эллы укреплена в простой тиковой рамке ее хорошая фотография в одеянии сестры, и медная корона над ней. Гроб Вари — без портрета, но такой же, только меньше. Если ты помнишь, она была маленькой.

Монах сказал мне, что когда гробы надо было скрыть на несколько месяцев, прежде чем они могли покинуть Сибирь, они были спрятаны в женском монастыре, где их открыли, так как это было необходимо; и тело нашей Эллы не было подвергнуто тлению, только высохло. Монахини обмыли его и переменили погребальные одежды в монашеское одеяние. И таким образом, она теперь одета так, как она хотела быть, так как она всегда собиралась, как она мне говорила раньше, совершенно уйти из мира и закончить свои дни как монахиня, — после того как ее Дом был бы окончательно устроен...

Мы отправляемся сегодня после полудня в Эл Хаутара, откуда мы пересечем канал, и найдем там вагон, уже прицепленный к поезду, который отправится оттуда в Иерусалим сегодня вечером, куда мы и прибудем в 2 часа завтра...

По прибытии нас встретят катафалки и духовенство, и после короткой службы мы должны будем поехать через город к русской церкви св. Марии Магдалины, которая расположена возле Гефсиманского сада, около 4 километров от станции...»

В Иерусалиме гробы с русскими мученицами встретило русское и греческое духовенство, английские власти, местные жители и русские паломники, оставшиеся здесь после большевицкого переворота в России. Благолепное погребение совершал Патриарх Иерусалимский Дамиан в сослужении многочисленного священства. В ногах гроба мученицы Елисаветы поставили принадлежавшую ей шкатулку с оторванным взрывом террористов пальцем ее супруга Великого князя Сергея Александровича. Эта шкатулка, в которой также была прядь волос Цесаревича Алексея Николаевича, потом находилась в покоях игуменьи Гефсиманской обители.

Гробы Великой княгини Елизаветы и инокини Варвары установили в усыпальницу храма Святой Марии Магдалины — помещение под его нижними сводами, которое принцесса Виктория позже брату в письме описывала так:

«Оно все белое, сухое и вполне хорошо проветриваемое. Я заказала крепкую дверь в комнату. Она покрыта темной материей, и несколько икон висит на ней снаружи, и лампада перед ними. Отец Серафим живет в своей комнате рядом и имеет ключ, и таким образом, он может туда входить и держать все там в порядке. Мне он очень нравится. Он такой преданный, и верный и энергичный...»

Бессменный хранитель гробниц мучениц игумен Серафим скончается 84-летним старцем в Иерусалиме в греческом монастыре в 1959 году, он похоронен на маленьком кладбище в Новой Галилее рядом с храмом. А в 1981 году Архиерейский Собор Русской Православной Церкви Заграницей постановил причислить к лику святых всех пострадавших от безбожников в России мучеников и исповедников православной веры.

За несколько месяцев до торжества канонизации в Гефсиманском храме вскрыли гробницы Великой княгини Елизаветы Федоровны и инокини Варвары. Когда открыли гроб с телом Елизаветы Федоровны, помещение наполнилось необычайным ароматом: «сильным запахом как бы меда и жасмина». У Великой княгини хорошо сохранились ноги, мозг головы не истлел. У инокини Варвары была цела голова.

Торжество прославления новомучеников происходило 31 октября и 1 ноября 1981 года в Синодальном соборе Знамения Божией Матери в Нью-Йорке, где находилась кафедра Первоиерарха РПЦЗ. После богослужения открыли святые мощи Новопреподобномучениц Великой княгини Елисаветы Феодоровны и инокини Варвары. Это были кисть руки Елисаветы Феодоровны и рука инокини Варвары, привезенные со Святой Земли из их гробниц. Сняли пелену с большой иконы Новомучеников и вслед за духовенством грянули в храме все молящиеся:

— Величаем, величаем вас, страстотерпцы Христовы, новомученицы и исповедницы Российские, и чтим страдания ваша яже за Христа претерпели есте!

Чтобы особо почтить память Новомучениц, было решено торжественно перенести в Гефсимании их мощи из склепа в сам храм Святой Марии Магдалины. В 1982 году выбрали для этого 1 и 2 мая — дни празднования Святых Жен Мироносиц.

К торжеству лестницу храма снаружи обвили русским национальным триколором, в нише же здесь висел старый Императорский флаг Православного Палестинского общества, председательницей которого после гибели супруга была Елизавета Федоровна.

Патриарх Иерусалимский Диодор прибывшим архиереям РПЦЗ сказал:

— Ваше прибытие сюда свято, как свято и дело канонизации святых Новомучеников, ибо и то и другое касается людей, претерпевших за Православие... Церковь имеет свою политику, основанную на правилах святых Отцов. Святой апостол Павел нас учит и говорит, чтобы мы повиновались властям предержащим, но этому надо следовать

Мощи Святой Преподобномученицы Великой княгини Елисаветы

до того момента, пока они не касаются истины нашей веры.

1 мая из дверей, которые вели в Гефсиманскую усыпальницу Новомучениц, вышел начальник Русской Духовной Миссии с двумя ковчегами с частицами их мощей в руках. За ним священники несли гроб Великой княгини Елисаветы Феодоровны, покрытый золотой парчой, потом — гроб с мощами инокини Варвары. Перед храмом их опустили на подставки из розового мрамора и началась литийная ектения, которую провозглашал протодиакон:

— Ко святым Новомученицам Великой княгине Елисавете и инокине Варваре помолимся!

— Святые Новомученицы Великая княгине Елисавето и инокине Варваро, молите Бога о нас, — отвечал хор монахинь.

Архиерей благословлял народ ковчежцами с мощами Новомучениц на четыре стороны. Этот крестный ход обошел церковь. О другом дне празднества в органе РПЦЗ журнале

«Православная Русь» его русская участница потом рассказывала:

«На следующий день, 2 мая, в воскресенье, я пошла в храм рано утром. По дороге я встретила сестру Гавриилу из Елеонского монастыря. Похристосовавшись со мной, она сказала, что это событие — перенесение мощей Новомучениц создает впечатление заутрени Воскресения Христова. Что это такое торжество, такой праздник — как бы первый луч света, первый знак скорого освобождения нашей Родины...

В этот день святая чаша, Евангелие и воздухи употреблялись те, которые были преподнесены храму самой Великой княгиней Елизаветой Федоровной, когда она была здесь в 1888 году. Эти вещи — высочайшей ценности, и принесены они были только сегодня в храм, чтобы этим особенно почтить память Великой княгини. Из этой ее святой чаши и совершалось сегодня Причащение.

После Божественной литургии все двинулись крестным ходом под ликующий колокольный звон из храма. Порядок был такой же, как и накануне, только вместо гробов теперь несли одни ковчежцы со святыми мощами, и теперь уже все духовенство шло в полном облачении...»

Храм во имя Святой Марии Магдалины в Гефсиманском саду на Святой Земле был построен Государем Императором Александром Третьим в память его матери Императрицы Марии Александровны. Это образец русской архитектуры московского стиля, церковь увенчана семью луковичными куполами. Внутри нее находится иконостас изящной работы из белого мрамора с орнаментом темной бронзы. Иконы в нем кисти Верещагина, пол в храме из разноцветного мрамора.

В нижней части Гефсиманского сада вокруг храма недалеко от ворот одновременно с его постройкой возвели домик в два этажа, надпись над входом которого гласит:

«В память Великого Князя Константина Николаевича и его внучки Великой Княгини Александры Георгиевны».

Рядом с этим домом у ограды находится место, освященное новозаветным преданием: Матерь Божия после Своего Успения сбросила здесь Свой пояс неутешному апостолу Фоме,

Купола Гефсиманского храма Святой Марии Магдалины

не заставшему Ее погребения, и благословила всех апостолов. Камень, у которого это происходило, обнесен решеткой, над ним поставлен в киоте образ Успения Пречистой.

У русского храма в Гефсиманском саду находится женский Гефсиманский монастырь Вифанской общины Воскресения Христова, которую в 1934 году с благословения Первоиерарха РПЦЗ Митрополита Анастасия основала принявшая Православие с именем Варвара шотландка Стелла Робинсон, в монашестве Мария. В 1932 году она вместе с англичанкой Аликс Спрот стала ревностной последовательницей православной веры. Перейдя в Православие, обе постригаются в монашество. Спрот получает при постриге имя Марфы.

Монахини Марфа и Мария прикладывали все силы для помощи Русской Духовной Миссии РПЦЗ в создании новой общины в Вифании. Мать Марфа становится помощницей настоятельницы по православной школе и пребывает в Вифании. Настоятельницей общины назначают мать Марию и посвящают ее в игуменьи. Она поселяется в русской части Гефсиманского сада рядом с храмом Святой Марии Магдалины.

Первая настоятельница Вифанской общины игуменья Мария с помощницей по Гефсиманской обители монахиней Варварой

Селение Вифания расположено на северо-восточном склоне Елеонской горы. Слово «Вифания» в переводе на русский означает «дом фиников» или «дом бедности». Теперь это мусульманская деревня под названием Эль-Азарие, но ее Елеонские окрестности святы для христиан: по горе от Иерусалима идет евангельская пешеходная дорога, проложенная через гору Соблазна. При въезде в Вифанию — русский участок земли в два гектара, приобретенный в 1909 году для нужд паломников. Тогда здесь построили два каменных двухэтажных здания и обнесли территорию стеной. Во время Первой мировой войны турецкие солдаты хозяйничали тут, разгромив постройки вплоть до выломанных оконных рам и дверей. Все это пришлось восстанавливать трудами матушки Марии и монахинь.

В 1937 году в Вифании открыли школу с интернатом для православных девочек. Чтобы дать арабкам понимание Православия, кроме общей для местных школ программы преподавали Священную историю, катехизис, историю Церкви. В старших классах дети изучали русский язык, обучались церковному пению.

Это и все другие дела сестер Вифанской общины по просвещению и помощи ближним вдохновлялись и одухотворяются образом святой Великой княгини Елисаветы Феодоровны, давшей великолепный пример таких трудов в своей московской Марфо-Мариинской общине. Она как бы духовная руководительница и покровительница вифанских сестер, открывших также здесь бесплатную амбулаторию для местных жителей.

Место евангельской Вифании особенно напоминает о святых сестрах Марфе и Марии, поэтому столь символично переплетена со всем здешним бытом житие настоятельницы Марфо-Мариинской обители святой Великой княгини Елисаветы Феодоровны, покоящейся на Гефсиманской земле под уходом крестовых сестер. Не случайны и имена первых здешних инокинь Марии и Марфы. На русском участке в Вифании обнаружили следы древнего благочестия: фундамент здания в форме церкви или часовни, несколько пещер в скалах двора. Найден напоминающий наддверие входа в храм известковый прямоугольный камень, на котором по-гречески выбито:

«Здесь Марфа и Мария услышали от Господа слово о воскресении из мертвых... Господь...», — далее надпись прерывается.

На этом месте поставлена часовня с полукруглым куполом, где в Вербную субботу совершается торжественная служба с крестным ходом и водосвятием.

Из воспоминаний недавно почившего духовника Русской Духовной Миссии в Иерусалиме архимандрита Нектария (Чернобыля) в 1998 году:

«Каждый христианин во все времена считал для себя величайшим счастьем хотя бы раз в течение своей жизни и хотя бы на короткий срок посетить Святую Землю. Мне же выпало счастье прожить в Святой Земле почти тридцать лет.

После тяжелой и мучительной жизни в лагерях и тюрьмах (в советской России. — В. Ч.-Г.), где я долгое время не мог и представить себе, что значит жить без тюрьмы, и даже был однажды под угрозой расстрела, мне удалось вырваться на свободу, о чем я не мог и мечтать...

Я приехал в Святую Землю в 1968 году... На Русских Раскопках мне поначалу отвели келию, в которой я прожил около года... По четвергам я служил на Русских Раскопках в храме Святого Александра Невского, по пятницам в храме при Вифанской школе, а в прочие дни — в Гефсимании, в женском монастыре Святой Марии Магдалины. А в дни,

Архимандрит Нектарий (1.02.1905 — 31.07. 2000)
с игуменьей Моисеей и келейником иноком Зосимой

свободные от служб, я обычно уезжал в Иерихон, где у нас было два фруктовых сада, и работал в этих садах.

В русских монастырях Иерусалима я встретил несколько замечательных людей, представителей старой, Царской России. Все они покинули родину после революции. Среди них была наместница Гефсиманского монастыря Варвара Цветкова, которая в России была близка к тихоновским епископам; престарелый духовник Гефсиманского монастыря о. Серафим — бывший адъютант Царя Николая II; игумен Стефан, духовник Гефсиманского монастыря — в прошлом царский солдат; архимандрит Модест, духовник Елеонского монастыря, в прошлом инок монастыря Новый Афон (в России. — *В. Ч.-Г.*), после разгона монастыря он был в катакомбах, в конце 30-х годов скрывался в горах Кавказа; монахиня Александра, отец которой служил в Императорском дворце в Царском Селе; генерал М. Хрипунов — Председатель Палестинского Общества, в прошлом бывший при Царском дворе. Замечательным человеком была также игуменья Гефсиманского монастыря Мария Робинсон — англичанка, принявшая Православие...

Всё в Святой Земле мне близко: и Гроб Господень, и Русские Раскопки, — этот дом, построенный когда-то нашими русскими людьми... Я очень любил принимать участие в ежегодной процессии Великого Четверга, когда поздним вечером после чтения 12-ти Евангелий все монахини и паломники выходили из Русского Гефсиманского монастыря и с пением тропаря Великого Четверга: "Егда славнии ученицы", — со свечами и фонарями в руках проходили по Крестному пути. По дороге останавливались у темницы, в которой был заключен Христос, и в иных памятных местах Страстей Христовых, и читали отрывки из Евангелия, соответствующие этим событиям. Шествие заканчивалось на Русских Раскопках, у порога Судных Врат, через которые Христос некогда прошел на Голгофу, и здесь снова читали Евангелие, и начальник Русской Духовной Миссии произносил слово о событиях Великого Четверга...

Также я очень любил выезжать на Фавор в праздник Преображения Господня. В этот день ежегодно выходил (и сейчас выходит) из русских монастырей автобус с монахинями и богомольцами, и я всегда подымался пешком (ибо тогда я был еще полон сил) и притом напрямик, а не по окружной дороге, на вершину Фавора, где мы служили молебен.

На третий день праздника Святой Троицы издавна было непременным правилом посещать наш русский монастырь у Мамврийского Дуба в Хевроне, где при большом стечении народа, русских, греков и православных арабов, я служил возле Дуба на открытом воздухе торжественную литургию.

Также в Лазареву Субботу в Вифании, в нашей школе, в храмовый праздник служили торжественную литургию, а затем посещали пещеру воскресшего Лазаря, где читалось Евангелие.

Еще ходили ежегодно на Фару в день преподобного Харитона и посещали его пещеру на высокой скале. Мы приносили с собой лестницу для того, чтобы взобраться в эту пещеру, и там служили бдение и литургию.

В первый день Рождества Христова все русские монахини ездили в Вифлеем и поклонялись святыням Вертепа и

Поля Пастушков, и там служили молебны... А в день Богоявления ездили на Иордан к месту, где был крещен Иисус Христос; позднее, когда из-за военного положения доступ к Иордану в этом месте (вблизи Иерихона) был закрыт, мы стали ездить на Иордан в Галилею, и там освящали воду, и кто желал, погружался в воды Иордана.

Так размеренно — от одного великого праздника к другому — протекает жизнь русских монастырей Святой Земли. Разумеется, между этими великими праздниками есть и будни, но и будни в Святой Земле совсем особые, ибо почти ежедневно в русские монастыри приезжают паломники со всех концов мира — и группами и в одиночку — и мы, насельники Святой Земли, обязаны уделить им внимание, рассказать о Святых местах и показать эти святыни... И потому, по сути дела, жизнь иноков в Святой Земле постоянно окрашена празднично».

Пожалуй, обо всех упомянутых здесь отцом Нектарием местах русский читатель более или менее знает, и все же самым малоизвестным, наверное, являются Русские Раскопки, о которых расскажем подробнее.

Из Евангелия видно, что Голгофа и «близко» для Христа бывший гроб, высеченный в скале в саду Иосифа Аримафейского, были «недалеко от города» — значит, вне города, как и апостол Павел говорил, что «Иисус... вне врат пострадати изволил» (Евр. 13, 12).

Какие же это были «врата» и в какой стене? Нынешняя стена, отделяющая Старый город от еврейской его части (между Дамасскими воротами и цитаделью), не существовала во времена Спасителя. Городская стена тогда проходила восточнее и имела ворота в эту сторону, названные «Судными», потому что возле них римляне произносили приговор осужденным. Иисус Христос, идя на Голгофу с крестом на плечах, прошел через Судные врата и вышел за город, миновав ту стену. При взятии Иерусалима римским императором Титом в 70 году по Р. Х. эту стену разрушили вместе с другими городскими. Когда потом в 138 году император Адриан восстановил Иерусалим, эта старинная стена с Судными вратами не была возобновлена. А потом тем более Иерусалим с его нелегкой историей каждый раз возрождался на новых развалинах, так что толщина его «археологически-интересной» поверхности в некоторых местах сегодня достигает 30 метров.

Старинная иерусалимская стена с Судными вратами неожиданно обнаружилась в XIX веке, когда русское правительство купило у абиссинцев участок вблизи Храма Святого Гроба. Сначала на нем хотели построить здание Русского консульства, но при расчистке наткнулись на остатки массивной стены. Ее камни характерной обтески свидетельствовали о времени, когда были заложены. Тут начались раскопки и научными изысканиями установили — найденная стена являлась внешней городской стеной во времена Спасителя.

Раскопанная стена уцелела на высоту двух с половиной метров. Между ее двумя пилястрами обнаружили порог: потертый, «зачищенный» от шагов, с ясными следами выбоин для засова и петель бывших здесь ворот. В ту и другую сторону от порога шли неровные плиты древней мостовой. И так как эти ворота явились ближайшими к Голгофе, не осталось сомнений — это Судные врата древности, Божественный Крестоносец переступил этот порог!

На участке также обнаружили арку на двух колоннах: образчики старинного зодчества разных времен. На основании такого открытия установили, что до этого места простиралась базилика Святого Равноапостольного Императора Константина Великого (около 285–337), а арка — остаток пропилей, которые окружали весь грандиозный храм...

Открытия Русских Раскопок признали ученые всего мира. Свое консульство русские решили строить в другом месте, а над святыней — последним этапом Крестного пути — воздвигли православный **храм в честь Святого Благоверного Князя Александра Невского**. Расположили его немного повыше священного Порога на обнаруженной одновременно широкой площадке, по-видимому, тоже относившейся к базилике Императора Константина.

Посреди этой площадки нашли каменный престол: вероятно, придельного храма базилики, — которая, как известно, покрывала целый ряд священных мест одной крышей. Престол оставили посреди, а перед ним на восток воздвигли

Порог Судных врат в храме Святого Александра Невского

алтарь и иконостас храма Святого Александра Невского. Священный Порог поместился в том же здании, где также сделали несколько комнат для паломников. Порог покрыт деревянной рамой со стеклом, позади него высится большое распятие на обломке местного камня. Слева тянется древняя стена, упираясь в стену, на какой висит большая икона, изображающая Спасителя, несущего крест.

Эти грандиозные остатки древней иерусалимской стены выходят за пределы участка Русских Раскопок и продолжаются на территории прилегающего абиссинского монастыря. Поворот стены к северу является основанием стены современного русского храма, отделенного от древней мостовой (с порогом) лишь невысокой перегородкой, к которой прилегает алтарь. Обнаруженная арка портика бывшей базилики высится вправо от входа на уровне старинной мостовой, куда ведут 12 ступенек вниз, так как современный город лежит выше.

К священному Порогу на Русских Раскопках наше духовенство исходит в Великий Четверг из Гефсиманского храма святой Марии Магдалины вечером, после утрени и чтения Двенадцати Евангелий со свечами и пением. Там завершается Страстная служба в день, когда Церковь вспоминает миро-спасительное старадание своего Главы на том самом месте, где Он восходил на Голгофу под тяжестью Креста.

Важное сообщение с «русской» Святой Земли находим в журнале «Православная Русь» от 1/14 декабря 1999 года:

«РАДОСТНАЯ ВЕСТЬ ИЗ ГЕФСИМАНИИ

Днесь в Гефсимании велие торжество. То, о чем мечтали многие годы, свершилось — храм Святой Равноапостольной Марии Магдалины украсился золотыми куполами. Шедевр русской архитектуры, увенчанный сияющими главами, теперь привлекает всеобщее внимание. Мы долго ждали этого дня. Реставрация храма началась в 1996 году. Была полностью заменена крыша, которая в последние годы давала течь, от-ремонтирована колокольня, реконструированы семь куполов и, наконец, их позолотили. Весь 1999 год купола были в лесах, да еще и под защитным покровом, а в последние месяцы храм полностью был обставлен лесами, так как золотили подзор.

И вот, когда эти нагромождения сняли, открылась неповторимая по своей красоте картина. Наш храм поистине украшение Святого Града Иерусалима и Святой Земли. На солнце купола и кресты блестят так, что трудно смотреть. В них отражается старый город. Вечером вокруг храма включаются прожектора, и он светится в обрамлении темных кипарисов и сосен...

Официальная часть закончилась вручением благодарственной грамоты немецким рабочим-реставраторам, успешно проделавшим столь нелегкую работу по восстановлению куполов... Внешний ремонт завершен. Но предстоит еще реставрация интерьера храма... Призываем на вас благословение святого града Иерусалима и просим святых молитв.

Игумения Елизавета с сестрами».

*Храм Святой Троицы
монастыря в Джорданвилле*

СВЯТАЯ ТРОИЦА В США

В штате Нью-Йорк в местечке Джорданвилл издалека за много миль златоглаво сияют купола **Свято-Троицкого мужского монастыря** — это Лавра Русского Зарубежья.

Основателем монастыря стал сын зажиточного крестьянина Гродненской губернии Петр Адамович Нижник, приехавший в начале 1914 года в Америку на некоторое время, но из-за начавшейся Первой мировой войны, потом российской революции так и осевший в США. Воспитанный в патриархальной семье, молодой человек решил посвятить себя Церкви, поступил в православный Тихоновский монастырь в Пенсильвании и принял монашество. Несмотря на молодой возраст (он родился в 1895 году), уже в 1921 году монах Пантелеимон был рукоположен в иеромонахи.

В 1926 году отец Пантелеимон мечтает основать свой скит и для этого поступает на работу, чтобы на отложенные деньги приобрести землю для постройки храма. Он трудится на авиационном заводе знаменитого русского изобретателя И. И. Сикорского до 1928 года, когда на скопленные средства отправляется покупать участок в штате Нью-Йорк в сторону Олбани.

В двенадцати милях от города Херкимер отец Пантелеимон нашел запущенную фермерскую землю в 304 акра. Хозяин продавал 300 акров, на которых был небольшой домик с хозпостройками, оставляя себе капитальный дом на четырех акрах. Стоимость пустоши Джорданвилля была в 5 тысяч долларов, половину их требовалось внести сразу. У иеромонаха лежали в кармане 1200 долларов: семьсот он накопил и частично набрал на святое дело, полтыщи дал псаломщик-регент Иван Колос, который потом под именем Иосиф тоже станет архимандритом.

Недостающие 1300 долларов для первого взноса отец Пантелеимон собирал где мог, помогли ему и рабочие завода Сикорского. Сделку на покупку иеромонах заключал уже во главе четырех сподвижников, так же стремящихся к уединенной молитвенной жизни.

Всем им пришлось работать еще годы, чтобы окончательно расплатиться за Джорданвилл. К 1933 году они погасили за землю долг, начали обзаводиться инвентарем, обрабатывать пашню, завели молочное хозяйство. Весной следующего года приступили к стройке большого монастырского деревянного дома под храм с верхними комнатами для братии, благо свой лес рос на купленном участке.

К празднику Святой Троицы летом 1935 года монастырский домовый комплекс с небольшой церковкой был готов. На Духов день обитель освятил приехавший из Нью-Йорка епископ Виталий (Максименко) и нарек ее во имя Святой Троицы. В сослужении отца Пантелеимона он совершил литургию. Храм был полон окрестными фермерскими семьями

Свято-Троицкий мужской монастырь в Джорданвилле

и специально приехавшими нью-йоркскими православными богомольцами. Когда после литургии владыка начал проповедовать, внезапно раздался крик:

— Пожар!

Люди бросились во двор и увидели высокий черный столб дыма, взметнувшийся над домом. Пламя мгновенно охватило крышу, верхний этаж стал костром... Братия и богомольцы едва успели вынести из церкви утварь и часть книг. Огонь дикими скачками пожирал стены монастырского здания. Из толпы монахам сказали:

— Ваши труды — как живая жертва Авелева восходит к Богу... Видите, какой огонь поднимается к небу.

— Видим, — ответил один из братьев. — Еще в худшем пламени горит несчастная наша Россия. Что этот огонь в сравнении с ее страданиями!

До приезда местной пожарной команды пожар спалил дом дотла. Однако джорданвилльские русские монахи поразили всех своим мужеством: ниспосланное испытание они дружно встретили великим смирением и молитвенным спокойствием. Настоятель отец Пантелеимон раздавал всем на прощание крестики и говорил:

— Сегодня Господь крестил наш монастырь огненным крещением, возьмите крестик на память об этом событии...

Гости накормили погорельцев тем, что для себя взяли, а бывший хозяин этой фермы, американец, временно пустил монахов молиться в зал своего дома, куда они сразу поставили спасенную утварь, и уже вечером отслужили всенощную.

На следующий день епископ Виталий постриг в мантийные монахи двоих насельников, в том числе Ивана Колоса, который первым когда-то больше всех дал (пятьсот долларов!) на только что сгоревший Джорданвилл. В газете «Россия» очевидец об этом писал:

«Много я видал за свою жизнь постригов, но ни разу еще не видал такого: чтобы с такой убежденностью, с таким умилением и слезами давал кто иноческие обеты молитвы, послушания, труда, целомудрия и нестяжательства, как давали эти новопостриженные иноки погоревшего Свято-Троицкого монастыря. Слезами, молитвой, великими трудами и лишениями строится Свято-Троицкий монастырь в Джорданвилле. Огненным крещением очистил Господь это место, чтобы на нем собрались те, кто готов на полное самоотречение, молитвенные подвиги».

Оплот Православия вновь стали закладывать: джорданвиллская братия расчистила пожарище, чтобы на старом фундаменте пока возвести одноэтажный дом, где можно укрыться ближайшей зимой. Однако вслед за огненным испытанием пришла милость Божья — фермер, у которого в доме временно молились монахи, вынужден был выставить его вместе с остававшимися от былого участка четырьмя акрами земли на торги по банковской задолженности.

Как и при первой покупке, массу усилий приложил отец Пантелеимон, чтобы теперь приобрести эту ферму полностью. Ему пошли навстречу владелец и банк, предоставив выгодные условия! Так Свято-Троицкий мужской монастырь заполучил в конце 1930-х годов громадный двухэтажный дом

Внутреннее убранство храма Свято-Троицкого монастыря в Джорданвилле

с тремя десятками комнат, где поместились и церковь, и трапезная, и монашеские келии. А через некоторое время неутомимый настоятель наладил здесь типографию, в которой стал печатать книги, брошюры и собственный — Свято-Троицкий — календарь.

После окончания Второй мировой войны в Джорданвилле приступили к строительству большого каменного храма. В строительный комитет вошли профессор Н. Н. Александров, который впоследствии станет долголетним деканом здешней Свято-Троицкой семинарии, И. И. Сикорский, Б. В. Сергиевский и другие видные русские общественные деятели. К 1947 году нижняя церковь во имя Преподобного Иова Почаевского была готова, возводили стены верхнего храма во имя Святой Троицы.

К этому времени в Джорданвилл прибыло из Европы превосходное пополнение: во главе с епископом Серафимом приехала братия обители Преподобного Иова Почаевского из селения Ладомирово в Словакии, в Карпатах. Среди них — известнейший позже иконописец Киприан (Пыжов) со своим учеником иноком Алипием, печатники иеромонах Антоний и диакон Сергий, много молодежи. Об этом переезде монах Лавр (Шкурла), ставший потом архиепископом Сиракузским и Троицким, ректором джорданвиллской духовной семинарии, вспоминал:

«Когда началась Вторая мировая война, то мы жили в братстве в Ладомировой, в Словакии... Сначала мы слышали канонаду, но потом ничего не было слышно и только доходили вести, что немцы дошли чуть ли не до Москвы. Но потом они начали отступать, а советские войска наступали, и тогда нашей братии пришлось думать, что делать дальше. Ведь наше братство миссионерское, и в наших изданиях, например в "Православной Руси", часто помещались статьи против безбожия и против коммунистов. Поэтому дожидаться прихода коммунистов нам нельзя было. В 1944 году братия из Ладомировой в Карпатах должна была эвакуироваться...

С середины 1944 года до 4 января 1945 года мы жили в Братиславе и там впервые узнали, что такое война, услышали "воздушные тревоги", увидели, как падают бомбы...

Поскольку фронт приближался к столице Словакии, оказались мы в Берлине. Вечером 5 января мы вышли из поезда и добрались до кафедрального Берлинского собора... Староста собора решил, что вряд ли Господь попустит попасть бомбе в храм Божий. И действительно, храм оставался невредим. Но староста решил пристроить в соборе свой рояль и поставил его в левый придел, прикрыв вещами. И вот единственное место, куда попала зажигательная бомба, это как раз в то место, и только рояль пострадал...

Через полтора-два месяца после окончания войны, благодаря многочисленным хлопотам нашего настоятеля о. Серафима (Иванова), впоследствии архиепископа, мы уже были в Швейцарии...

Владыка Виталий (Максименко) предпринял меры, чтобы нашу братию выписать в Америку, где была малочисленная братия в Джорданвилле. В это же время нас пытались соблазнить монахи-униаты из Шевтона, которые говорили: "Вы издатели и мы издатели, давайте мы поможем вам приехать к нам, в Бельгию". Но мы это, конечно, отвергли. Так мы в Женеве прожили около полутора года, когда, наконец, получили разрешение ехать в Америку, это было в ноябре 1946 года...

30 ноября мы приплыли в Нью-Йорк. Нас прибыло 12 человек, так как некоторым пришлось остаться в Европе по разным причинам. Оставшейся братией в Мюнхене был основан монастырь Преподобного Иова Почаевского... 1 декабря 1946 года мы прибыли в Свято-Троицкий монастырь. Нас встретитили архимандрит Пантелеимон и отец Иосиф на железнодорожной станции в Херкимере. У монастыря была тогда только одна старая машина. На улице был мороз, а в машине не работало отопление, было очень холодно. Часть братии поехала на этой машине, а часть на такси.

Первые впечатления по приезде в сам монастырь были следующие: никаких зданий тогда не было, кроме коровника и жилого дома, где сейчас семинарское общежитие. И вот, помню, входим мы в дом и сразу чувствуем запах коровок. Храм был в доме, как войдешь — справа. Когда мы вошли, то нас в дверях встретил с посохом в руках владыка Иоасаф, владыка Канадский... Он служил благодарственный молебен.

Храм во имя Святого Архистратига Божия Михаила.
Канны, Франция. Фото С. Н. Забелина

Мемориальная часовня во имя
Святителя Николая Чудотворца в парке Бермон.
Ницца, Франция. Фото С. Н. Забелина

*Внутреннее убранство мемориальной часовни
во имя Святителя Николая Чудотворца в парке Бермон.
Ницца, Франция. Фото С. Н. Забелина*

*Храм во имя Святителя Николая Чудотворца.
Ницца, Франция. Фото С. Н. Забелина*

Храм во имя Святого Благоверного Князя
Александра Невского. Париж, Франция

*Кладбищенский храм в честь Успения Пресвятой Богородицы
и звонница храма. Сент-Женевьев-де-Буа, Франция*

*Храм во имя Святой
Живоначальной Троицы
и приходской дом.
Ванв, Франция*

*Иконостас храма в честь Новомучеников
и Исповедников Российских. Ванв, Франция*

*Иконостас храма
Свято-Духова скита.
Мениль-Сен-Дени, Франция*

*Свято-Духов скит. Храм и часовня-баптистерий в честь
1000-летия Крещения Руси. Мениль-Сен-Дени, Франция*

*Леснинская
чудотворная икона
Божией Матери.*

*Свято-Богородицкий Леснинский женский монастырь.
Провемон, Франция*

*Храм
во имя Святой
Равноапостольной
Марии Магдалины.
Иерусалим, Израиль*

*Внутреннее убранство храма во имя Святого Благоверного
Князя Александра Невского на Раскопках. Иерусалим, Израиль*

Свято-Троицкий мужской монастырь. Джорданвилл, США

Часовня в честь Преподобного Иоанна Рыльского и Святого Праведного Иоанна Кронштадтского. Джорданвилл, США

Успенский храм на кладбище
Свято-Троицкого мужского монастыря.
Джорданвилл, США

Храм-памятник последней Белой эскадре Российского Императорского флота, воздвигнутый во имя Святого Благоверного Князя Александра Невского. Бизерта, Тунис

Кафедральный собор в честь иконы
Божией Матери «Споручница грешных».
Слева от собора — архиерейский дом.
Шанхай, Китай

Храм-Памятник Царю Мученику Николаю Второму
и всем русским людям, богоборческой властью в смуте
убиенным, воздвигнутый во имя Святого и Праведного
Иова Многострадального. Брюссель, Бельгия

*Мемориальная
доска у иконостаса
Храма-Памятника.
Брюссель, Бельгия*

Внутреннее убранство Храма-Памятника. Брюссель, Бельгия

А потом стал произносить слово и говорит: "Дорогие братья и сестры..." — и далее; а я толкаю будущего владыку Алипия и говорю: "А где же здесь сестры?" Дело в том, что владыка Иоасаф привык так начинать проповеди на приходах.

Мы с отцом Флором и владыкой Алипием жили в одной комнате. Было очень холодно, так как весь дом отапливался одной печкой, которая стояла почти при входе в дом. Храм в то время только начинали строить. Там, где сейчас у нас газоны и дорожки рядом с храмом, — была гора красного кирпича, который мы очищали и использовали для внутренней кладки, а снаружи клали белый кирпич. Были наняты специалисты для руководства постройкой, а братия делала подсобную работу».

Сообщество здешних насельников возросло до трех десятков, а вскоре с Дальнего Востока прибыл и игумен Константин, он возглавил всю издательскую деятельность монастыря, обогатив ее своим многолетним научно-литературным опытом и писательскими способностями. В мае 1948 года при монастыре была основана духовная семинария.

К 1950 году со Старого Света переехал в США Первоиерарх РПЦЗ Митрополит Анастасий вместе с Синодом и с ними — неизменная спутница РПЦЗ, величайшая русская святыня Чудотворная Икона Божией Матери Курская-Коренная. Величественный собор в Джорданвилле, дивно расписанный архимандритом Киприаном и игуменом Алипием, встретил владыку, а в ноябре 1950 года им восхищался весь сонм архипастырей Русской Зарубежной Церкви на Архиерейском Соборе.

Тогдашний Первоиерарх РПЦЗ Митрополит Анастасий в миру был Александром Грибановским и родился в 1873 году в Тамбовской губернии в семье сельского священника отца Алексея и матушки Анны. Учась в Московской Духовной Академии, он был воспитанником будущего Митрополита Антония (Храповицкого), основавшего РПЦЗ. В 1906 году состоялась архиерейская хиротония уже известного своим красноречием проповедника отца Анастасия в московском Успенском соборе. В Москве епископ Анастасий познакомился с будущей новомученицей Великой княгиней Елизаветой Федоровной и сблизился с нею. Потом владыка был архиепископом в Бессарабии, после революции уехал в Константинополь, позже пробыл 10 лет в Иерусалиме. После кончины в 1936 году в Югославии основателя РПЦЗ Митрополита Антония владыка становится преемником Первоиерарха. 67 лет Митрополит Анастасий (Грибановский) отдал священнослужению, из каких 59 был в епископском сане, и скончался в 1965 году в возрасте 93-х лет, погребен на монастырском кладбище в Джорданвилле.

В 1954 году на территории монастыря началась постройка просторного каменного четырехэтажного здания, которая закончилась в 1957 году. Там поместились трапезная, канцелярия, издательство Преподобного Иова Почаевского, редакция журнала «Православная Русь», книжный склад, библиотека, типография и переплетная мастерская, монашеские кельи, пекарня и прачечная. Потом здесь возвели еще один двухэтажный дом для братии, а также помещения столярной и слесарной мастерских, гаражи. Построили два обширных амбара, коровник на сто голов.

В 1960-е годы в джорданвилльской Лавре разрослись молочное хозяйство, птицеферма. Докупили земли — и на ее уже 650 акрах раскинулись озера, прекрасные луга. Тут хорошо наладили большую пасеку, парники, огороды. Позже на четверть мили от храма и главного корпуса построили гостиницу для богомольцев, а неподалеку — «старческие» дома, сдающиеся для пожилых, желающих провести последнюю часть своей жизни рядом с монастырем. На монастырском кладбище с его Успенским храмом хоронят православных со всей Америки. Успешно работала большая иконописная мастерская под руководством архимандрита Киприана (Пыжова) и игумена Алипия.

С давних пор за счет отлично оборудованной типографии, инициативы, высокой образованности и профессионализма редакторов и авторов во всем православном мире хорошо знают издания Свято-Троицкого монастыря. Это журнал «Православная Русь» с ежемесячным приложением в виде журнала «Православная жизнь», церковно-богословский философский сборник «Православный Путь», Троицкий календарь с ежегодным Типиконом, Владимирский календарь. Широко известны и многие тиражи книг богословского, духовного, исторического и нравственно-религиозного содержания Лавры.

С 1956 года здешняя семинария имеет все права высших американских учебных заведений, окончившие ее студенты получают звание «бакалавр богословия». Для библиотеки семинарии и монастыря, в которой также находятся книги научного, философского и литературного профиля, было построено отдельное здание. Эта библиотека является центральным богословским книгохранилищем всего Русского Зарубежья.

С 1988 года тут выходит журнал воспитанников

Ныне здравствующий четвертый Первоиерарх РПЦЗ Митрополит Виталий (Устинов) с Чудотворной Курской-Коренной иконой Божией Матери

Свято-Троицкой семинарии «Русский пастырь». В связи с десятилетием журнала его главный редактор протоиерей Петр Перекрестов говорил:

— Цели «Русского пастыря» — «укрепление связи между пастырями, воодушевление их и служение местом обсуждения церковных вопросов» — остаются теми же. Но если в начале журнал был задуман в первую очередь для пастырей, то теперь журнал сам стал как бы пастырем для многих верующих... Недостаточно просто писать на церковные, религиозные темы. И здесь, и в современной России имеются авторы большой эрудиции, могущие доказать что угодно, причем всё звучит довольно убедительно. Но, вместе с тем, чего-то явно не хватает. Попробуйте параллельно читать этих «новых» авторов и статьи таких «старых» изданий, как «Вестник Православного дела», «Церковная летопись», «Святая Земля», «Вечное». Дух, настроение и тон старых авторов и старых изданий совсем иной. Это не только дело языка, это вопрос духовного благородства и внутренней убежденности... Мы начали с 40 страниц, а в России у нас первоначально было около 10 читателей. Теперь, по милости Божией, у журнала 104 страницы и половина тиража посылается в Россию.

Самое последнее храмовое здание Свято-Троицкого монастыря закончили расписывать в 1998 году, это дивной красоты **часовня в честь Преподобного Иоанна Рыльского и Святого Праведного Иоанна Кронштадтского**. Стоит она на полпути к огромному деревянному кресту, водруженному на вершине холма на запад от Свято-Троицкого храма. С одной стороны белокаменная часовня как бы обрамлена лиственным лесом, с другой — хвойным; традиционно для поморского Русского Севера ее кровля выложена из отдельных деревянных панелей и увенчана сходной по исполнению чешуйчатой же маковкой с восьмиконечным крестом.

Ниже выложенной из природного продолговатого камня часовни по склону примостили три привезенных огромных валуна рядом с растущими тремя березками и дубом. Летом вокруг колосятся дикий горошек и васильки. Все это прямо связано с прославляемыми здесь святыми и деталями росписи часовни. Горох пророс на месте молитвенного подвига преподобного Иоанна Рыльского, дав ему пропитание, васильки — символ поморского Севера, родины святого Иоанна Кронштадтского. Стенопись часовни так же украшена орнаментом из сочетания цветов горошка и васильков.

Неподалеку от часовни находится пруд, устроенный еще основателем монастыря отцом Пантелеимоном, где ныне освящают воду и крестят оглашенных. Для идущего сюда из монастыря часовня также лежит на одной линии с парящим на холме неподалеку деревянным крестом: это «заканчивает» план устроения святого места. Построить здесь часовню решили для уединенной монашеской молитвы, поскольку сам монастырь стал весьма оживленным миссионерским центром, открытым для тысяч экскурсантов.

В 1979 году место будущей часовни освятили и заложили фундамент. Руководил стройкой опытный инженер-строитель И. Г. Гришин, работавший и над возведением **кладбищенской Успенской церкви**. Главным его помощником был выходец из Болгарии, выпускник здешней семинарии, многолетний трудник монастыря брат Димитрий Блачев, он складывал часовню из увесистых грубо отесанных булыжников в традиционном восточно-византийском стиле, а кровля вышла все же схожей с образцами северо-русского средневекового зодчества. Ю. Егоров выточил из дерева чешуйчатый купол. Главный храмоздательный труд был окончен в 1988 году на Тысячелетие Крещения Руси.

Белые внутренние стены этого превосходного образчика русского стиля X–XIII веков словно бы просили не менее впечатляющей росписи. Взялся за нее игумен Лука (Мурьянка), но ограничился только росписью арочного покрытия, разделяющего среднюю и главную части храма: фреской монастыря

Часовня в честь Преподобного Иоанна Рыльского
и Святого Праведного Иоанна Кронштадтского
в Свято-Троицком монастыре

Ставроникита на Афоне. Потом отдельными фрагментами пытались продолжать работу иконописцы иеромонах Андрей (Эрастов) и Иаков Ференс.

В 1997 году решился полностью сделать роспись часовни как выпускную дипломную работу пятикурсник Свято-Троицкой семинарии Петр Дзюба. До этого он два года работал в иконописной мастерской монастыря и участвовал в орнаментальной росписи храма в честь Святого Благоверного Великого Князя Александра Невского в Лейквуде штата Нью-Джерси. Потом брат Петр описывал:

«Выбрав темой работы роспись часовни, я видел особенности и трудности этой работы: 1) необходимость продолжать роспись в определенном византийском стиле, стараясь сближать его со славянской иконографической стилистикой, 2) необходимость составления единого, подчиненного общей духовной идее, плана росписи...

В план росписи входило как можно полнее осветить жизненный подвиг двух светильников благочестия. С одной стороны, перед нами светоч монашества, многолетний пустынник и отшельник, с другой — один из позднейших плодов Церкви Христовой и Святой Руси — добрый пастырь и "всероссийский батюшка", как его называли. Что между ними общего? Прежде всего любовь ко Христу и следование Ему всей своей жизнью. Второе — невидимая духовная связь через тезоименность. Несомненно, молитвы о. Иоанна своему небесному покровителю были часты и плодотворны.

Какая же форма иконописного изложения наиболее полно представляет описание жизни и подвигов того или иного святого? Конечно — житийная композиция с одной средней главной частью (средником) и расположенными по периметру меньшими по размерам фрагментами замечательных событий из жизни святого (клейма). Эта форма иконописного рассказа дает целостность восприятия и вместе с тем поступательный ход изложения жития. И, если икона это "Евангелие для неграмотных" (Деяния VII Вселенского Собора), то житийная икона дает сжатое напоминание, как бы "конспект" жизни и подвигов святых.

Решив для себя этот вопрос, предстояло подчинить все внутреннее пространство часовни служению задаче поступательного возрастания в Бозе святых. "Начало премудрости страх Господень" (Пс. 110, 10) — поэтому возникла мысль первую со входа композицию посвятить теме Второго Славного Пришествия Господа нашего Иисуса Христа: торжеству праведных и вечным мукам нечестивых. Несомненно, у святых и в самом начале их жизни была твердая вера обетованиям Господа: неизбежности суда для каждого человека и мздовоздаяния за грехи. В средней части часовни виделись, как уже было указано выше, житийные композиции, а в восточной, полукруглой части нужно было показать, во-первых, Источник благодати и бессмертия — Христа, без Которого любой человек ничтожен ("яко без Мене не можете творити ничесоже" — Ин. 15, 5), во-вторых, прославленно-торжествующее состояние святых в Царстве Небесном сейчас.

Изограф Петр Дзюба в часовне возле изображения
Второго Славного Пришествия Господа нашего Иисуса Христа

При выходе из средней части часовни, прямо над дверным проемом, виделась композиция "Сошествие во ад" воскресшего Христа. Этим хотелось подчеркнуть не только фундаментальное основание христианства, выраженное в этом событии, но и помочь воспрянуть духом после слезных и покаянных молитв христианину, выходящему из часовни».

16 ноября 1998 года были освящены фрески этой часовни в честь Преподобного Иоанна Рыльского и Святого Праведного Иоанна Кронштадтского. То был год празднования 80-летия со дня кончины святого праведного Иоанна Кронштадтского, поэтому около входа в часовню на стене водрузили вырубленную из камня икону-барельеф «всероссийского батюшки» работы Василия Петровича Нистратова.

В этом очерке, как уже и раньше, была упомянута главная святыня Русского Зарубежья — **Чудотворная Икона Божией Матери Курская-Коренная**, с которой, переехав из Европы,

Митрополит Анастасий
сходит на американскую землю

прибыл в Джорданвилл Первоиерарх РПЦЗ Митрополит Анастасий. Ныне этот образ Русской Зарубежной Церкви пребывает в соборе Знамения Божией Матери в Нью-Йорке. История обретения этой Чудотворной иконы и ее «биография» заслуживают особого внимания.

В XIII столетии Русь лежала в руинах татарского погрома, а на выжженной и разграбленной Курской земле диким местом стала ее столица Курск. Жители уцелевшего от разора в этом краю города Рыльска ходили сюда охотиться на расплодившихся

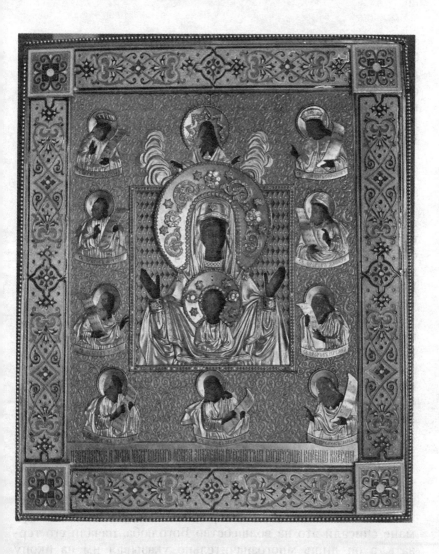

Одигитрия (Путеводительница) Русского Зарубежья,
руководительница, покровительница и защитница
Русской Православной Церкви Заграницей
Чудотворная икона Божией Матери
Курская-Коренная

зверей. Однажды один охотник неподалеку от Курска на берегу реки Тускарь увидел лежащую на земле при корне дерева икону, обращенную ликом вниз. Зверолов поднял образ и увидел, что его изображение подобно иконе Знамения Новгородской... И в тот же миг из места, где икона лежала, вдруг забил источник. Было это на Рождество Пресвятой Богородицы 8 сентября 1295 года.

Охотник построил тут небольшую деревянную часовню и держал в ней новоявленный образ Богоматери. Икона продолжала прославляться чудотворениями, жители Рыльска зачастили сюда. Тогда рыльский князь Василий Шемяка приказал перенести икону в город, где ее торжественно встретил народ. Однако Шемяка не пошел на эту встречу и внезапно ослеп. Князь стал каяться — получил исцеление. Тогда Шемяка воздвиг в Рыльске церковь во имя Рождества Пресвятой Богородицы, куда поставили Чудотворную икону, которой установили ежегодное празднование в день ее явления.

Однако икона стала чудесным образом из рыльского храма исчезать, и каждый раз ее опять обнаруживали на речке под Курском, где она впервые явилась у древесного корня. Тогда сообразили, что Богоматерь благоволит к месту обретения иконы. Не стали больше из часовни образ трогать, к Курской началось многочисленное паломничество богомольцев. Молебствия совершал добровольно пришедший сюда и заживший в подвижничестве благочестивый священник, которого прозвали Боголюб.

В 1383 году на Курщину вновь пришли грабить и убивать татары Золотой Орды. Часовню со знаменитой иконой они решили на глазах иерея Боголюба сжечь, обложили хворостом. Подносили огонь, но хворост не воспламенялся. Басурмане списали это на волшебство Боголюба, начали его терзать, а он лишь многозначительно указывал им на икону Божией Матери. Тогда татары бешеными ударами разрубили икону надвое, разбросали две ее половины по сторонам, и часовню сразу удалось запалить. Часовня быстро сгорела, иерея Боголюба погнали в плен.

В полону старец Боголюб христопродавцем не стал, возлагал упование на Пресвятую Богоматерь. Не зря надеялся:

однажды, когда он пас хозяйских овец да пел молитвы и славословия в честь Богородицы, его услыхали приехавшие к хану послы московского Царя и выкупили.

Вернулся священник на свое прежнее курское место. Нашел расколотые басурманами части Чудотворной иконы. Сложил их вместе... они тотчас срослись, только по бывшему расколу показалась влага «аки роса», как гласит предание. Жители Рыльска, вновь вдохновленные чудотворениями иконы, опять перенесли ее к себе в город, и опять образ Курской-Коренной Богоматери возвратился на место своего явления. Тогда снова отстроили для удивительной иконы часовню, в которой она пребывала около двухсот лет.

Повелением московского Царя Федора Иоанновича город Курск был восстановлен в 1597 году. Благочестивый монарх, наслышанный о чудесах иконы, устроил ей торжественную встречу в Москве. Царица Ирина Федоровна украсила святую икону богатой ризой, образ вставили в серебряную позолоченую раму с изображением Господа Саваофа вверху и пророков со свитками по бокам. После этого икону вернули на Курскую землю, где по наказу Царя на месте часовни, заложенной еще Боголюбом, основали монастырь, названный Коренной пустынью в память явления иконы при корне дерева, и воздвигли церковь во имя Рождества Пресвятой Богородицы. Тогда же над источником, что образовался при обретении Чудотворной иконы, под горою у самой реки Тускари поставили и храм во имя иконы Божией Матери «Живоносный Источник».

Следующим лихолетьем в этих местах было нашествие крымских татар: икону из Коренной пустыни для безопасности перенесли в Курск в соборный храм, а в монастыре оставили с нее точный список. Потом русские правители не скупились на знаки внимания по отношению к Курской-Коренной иконе: Борис Годунов много жертвовал ценностей на ее украшение, даже Дмитрий Самозванец демонстрировал почитание святого образа и поставил икону в царских хоромах, где она оставалась до начала XVII века.

Несмотря на отсутствие Чудотворной иконы в Курске, Богоматерь опекала город. В 1612 году польский военачальник

Жолкевский осадил его, и часть горожан увидела, что Богоматерь вместе с двумя светлыми иноками осеняет Курск. Поляки наблюдали это как явление на городских стенах Жены с двумя светлыми мужами, которая грозила осаждавшим. Защитники Курска дали обет построить монастырь в честь Пресвятой Богородицы и хранить в нем Чудотворную икону — враги вскоре отступили.

В благодарность Небесной Заступнице куряне устроили монастырь во имя Знамения Пресвятой Богородицы и в 1615 году особо били челом Царю Михаилу Федоровичу, чтобы из Кремля вернулся к ним Чудотворный образ. Так в 1618 году икона Курской-Коренной Божией Матери вновь прибыла на свою «родину» и пребывала в соборе Знаменского монастыря.

Для благословения донских казацких войск Чудотворная икона в 1676 году «выезжала» на Дон. В 1684 году от Государей Великих князей Иоанна и Петра Алексеевичей прислали в Коренной монастырь список с этой иконы в серебряном позолоченном окладе с повелением носить копию в походах православных воинов. В 1812 году курское городское общество послало в действующую против французов армию М. И. Кутузова другой список с Курской-Коренной, вставив его в серебряную позолоченную раму.

Народная вера в чудодейственную силу этой иконы была такова, что появилось и отребье, решившее ее уничтожить. Во время всенощного бдения под Крестопоклонную Неделю с 7-го на 8-е марта 1898 года злодеи заложили к подножью иконы Богоматери «адскую машину» — бомбу с часовым механизмом... Во втором часу ночи в пустом храме он сработал: от взрыва дрогнули даже стены монастыря! Братия бросилась в собор и замерла при виде ужасных разрушений.

На куски разнесло чугунную позолоченную сень над иконой; ее тяжелое мраморное подножье из нескольких массивных ступеней отлетело и разбилось на части; большой мощный подсвечник перед иконой далеко отброшен... Близ ее окованная железом дверь искорежена и выперта наружу, от дверного косяка по стене — гигантская трещина;

все соборные стекла вплоть до верхних в куполе выбиты... Но икона была цела! Курская-Коренная осталась совершенно невредимой, даже с целым стеклом на ее киоте... Хотели уничтожить святыню, а послужили только еще большему прославлению образа.

Следующее нападение на образ Небесной Заступницы, понятно, произошло вскоре после Октябрьского переворота. 11 апреля 1918 года в Курске под властью большевиков Чудотворную икону украли средь бела дня из Знаменского собора. Розыски, продлившиеся до мая, были безуспешны. А недалеко от собора жила белошвейка со старой матерью, три дня они уже сидели голодными в Курске, который снова дичал как когда-то после нашествия ордынцев. 3 мая девушка чуть свет пошла к базару, чтобы разжиться хоть куском хлеба, но проблуждала зря. Когда к десяти часам утра она совсем обессиленная возвращалась, вдруг что-то заставило ее приостановиться около колодца.

Предание гласило, что колодец этот выкопал в юности еще преподобный Феодосий Печерский и потому воду здесь всегда освящали в день Преполовения. Белошвейка увидела на обрубке колодца что-то завернутое в мешок... Возможно, съестное? Развязала и закричала, увидев две иконы. К ней подошел священник, проходивший неподалеку с похоронной процессией. Одной из икон оказалась Чудотворная Курская-Коренная Божией Матери! Другой образ был ее списком. Воры лишь ободрали богатые ризы.

В сентябре 1919 года Курск освободили части Белой армии генерала А. И. Деникина, а в конце октября они отступили, увозя Чудотворную икону от безбожников. За время пребывания белых в городе в здании, где находилась ЧК, нашли два чехла, расшитые золотом, — те, что были на Чудотворной иконе и ее списке в день их похищения.

12 иноков монастыря Знамения Пресвятой Богородицы перенесли икону в Белгород, потом повезли вместе с отступающими добровольцами на юг, останавливаясь в Таганроге, Екатеринодаре, Новороссийске. Председатель Высшего Церковного Управления на юге России митрополит Антоний

(Храповицкий) благословил вывезти Курскую-Коренную за пределы России. Первого марта 1920 года епископ Феофан Курский на пароходе «Святой Николай» привез икону в древнюю столицу Сербии город Ниш.

Четыре месяца затем икона пробыла в сербском местечке Земун, а в сентябре 1920 года генерал Петр Николаевич Врангель попросил доставить Чудотворную в Крым его Белому войску, сражающемуся с коммунистами на последних пядях свободной Русской земли. Курская-Коренная Богоматерь светила бойцам до 29 октября 1920 года, когда ровно через год после оставления иконой родного Курска образ окончательно покинул Россию с врангелевской эвакуацией.

Икона вновь прибыла в гостеприимное Королевство сербов, хорватов и словенцев, как тогда называлась Югославия, и с благословения сербского Патриарха Димитрия пребывала вместе с епископом Феофаном Курским в сербском православном монастыре Язка на Фрушкой горе. С конца

Молебен на площади в Таганроге.
На переднем плане генерал барон П. Н. Врангель

1927 года образ находился в русской **Свято-Троицкой церкви** в Белграде, где хранились знамена Русской армии генерала барона П. Н. Врангеля. Этот храм стал местом последнего упокоения Главнокомандующего после его кончины в 1928 году.

С благословения Архиерейского Синода РПЦЗ епископ Феофан вывозил икону в различные места русского рассеяния. Во время Второй мировой войны в Белграде под бомбежками она помогала всем молитвенно к ней прибегавшим. В 1944 году Чудотворную икону снова повезли от наступающей Красной армии и остановились с нею в Вене, потом — в Карлсбаде вместе с эвакуированным сюда Архиерейским Синодом РПЦЗ. Весной 1945 года икону Курской-Коренной Богоматери перевезли в Мюнхен, откуда она посещала Швейцарию, Францию, Бельгию, Англию, Австрию и многие германские города и лагеря.

Переместившись в 1950 году в США, Чудотворная сначала постоянно пребывала на подворье Архиерейского Синода

Русская церковь
во имя Святой Троицы в Белграде

*Внутреннее убранство храма Новой Коренной пустыни.
Слева от иконостаса — копия Чудотворной иконы
Божией Матери Курской-Коренной*

*Крестный ход с Чудотворной Курской-Коренной иконой
в Новой Коренной пустыни на престольный праздник —
Рождество Богородицы. 1965 год*

РПЦЗ, названном в честь своего «тезки» — курского монастыря — **Новой Коренной пустынью**. Находится эта обитель в местечке Махопак в шестидесяти милях от Нью-Йорка. Имение было подарено князем и княгиней Белосельскими Русской Зарубежной Церкви в 1948 году.

Теперь же можно видеть Чудотворную Икону Божией Матери Курской-Коренной в нью-йоркском Знаменском соборе под особой сенью. Такими новыми и древними святынями светит Святая Троица русским православным в США.

Сень для Чудотворной
Курской-Коренной иконы
в нью-йоркском соборе
Знамения Божией
Матери

*Храм-памятник во имя Святого Благоверного
Князя Александра Невского в Бизерте*

АФРИКАНСКИЕ ФОРТЫ

Храм-памятник во имя Святого Благоверного Князя Александра Невского в Тунисе, в его североафриканском порту Бизерта посвящен кораблям и морякам последней Белой Русской эскадры флота Его Императорского Величества. Чтобы понять, какие боль и надежды вложили в создание этой памятной церкви ее прихожане с выцветшими золотыми флотскими погонами, нужно заглянуть в 1920 год.

11 ноября 1920 года Главнокомандующий Белой Русской Армией генерал барон П. Н. Врангель отдал в Крыму приказ об ее эвакуации и «всех, кто разделял с армией ее крестный путь, семей военнослужащих, чинов гражданского ведомства, с их семьями, и отдельных лиц, которым могла бы грозить опасность в случае прихода врага». В три наиболее крупных порта, где начали грузиться имуществом и эвакуирующимися людьми корабли: Севастополь, Феодосия, Керчь, — для охраны порядка вызвали военные училища из войск, прикрывающих отход. Юнкера оторвались от красных, и в два-три дня достигли намеченных портов.

13 ноября в Севастополе стали грузиться прибывшие из Симферополя эшелоны. В это время по Крыму, согласно директиве генерала Врангеля, белый фронт отходил почти без соприкосновения с противником. Утром 14 ноября главком Врангель и командующий флотом, начальник Морского ведомства контр-адмирал М. А. Кедров объехали на катере в Севастопольской бухте заканчивающие погрузку суда.

В русско-японскую войну лейтенант М. А. Кедров был флаг-офицером у адмирала Макарова, дважды ранен при Порт-Артуре, дрался при Цусиме артиллеристом на крейсере «Урал». В Первую мировую войну Свиты Его Величества

*Командующий эскадрой
Русской армии генерала барона
П. Н. Врангеля вице-адмирал
М. А. Кедров*

контр-адмирал М. А. Кедров командовал линкором «Гангут», был начальником 1-й минной дивизии Балтфлота, после А. В. Колчака стал Командующим морскими силами в Рижском заливе Балтики, за успешную постановку минного заграждения под Либавой был награжден Георгиевским оружием. Во время Гражданской войны М. А. Кедров объединял русских военно-морских агентов за границей и по поручению Верховного правителя адмирала А. В. Колчака организовывал в Западной Европе транспорты по снабжению Белых армий. Он мог бы там дождаться отступившую Белую Гвардию, но по просьбе барона Врангеля прибыл для командования Белым русским флотом.

Снялись в Севастополе последние заставы, юнкера выстроились на портовой площади. Вышедший перед их строем генерал Врангель поблагодарил за службу и сказал:

— Оставленная всем миром обескровленная армия, боровшаяся не только за наше русское дело, но и за дело всего мира, оставляет родную землю...

Утром 15 ноября корабли из Севастополя прибыли в Ялту, где погрузка тоже закончилась, улицы были пустынны. Отсюда днем флотилия во главе с крейсером «Генерал Корнилов», на борту которого были Врангель и Кедров, пошла на Феодосию. За русским флагманом следовал французский адмирал Дюмениль на своем крейсере в сопровождении миноносца.

16 ноября утром суда встали на якорь в Феодосийском заливе. Врангель принял радиограмму, что в Керчи погрузка

успешно заканчивается. В два часа дня крейсер адмирала Дюмениля «Waldeck Rousseau» ударил орудийными залпами 21 выстрел — последний салют в русских водах русскому Андреевскому флагу, реющему на крейсере под символичным именем «Генерал Корнилов», — в память погибшего первого Командующего Белой армией...

В Керчи казаки на берегу плакали, прощаясь со своими конями. Пряча глаза, снимал со своего боевого друга чубатый казачий офицер седло и уздечку. Конь вел ушами, жалобно всхрапывал и уже сиротливо озирался. Казак кусал твердые губы под обвисшими усами и вдруг горячечно заговорил:

— Васенька, Васька! Вывозил ты меня ж из беды... Полсотни красных на тебе я срубил! И что ж? Оставляю тебя для этой сволочи... — Офицер зажал руками лицо и закачался, потом вздернул голову и прямо глянул в блестящие конские глаза. — Смотри, брат! Не вози красного! Сбей эту мразь с седла, как каждого ты сбивал, пока я не овладел тобой...

С 13 по 16 ноября 1920 года из крымских портов Севастополь, Евпатория, Керчь, Феодосия, Ялта вышло 126 судов, на которых уплыло в Константинополь 145 693 человека, не считая судовых команд. В их числе было около 10 тысяч офицеров, 2 тысяч солдат регулярных частей, 15 тысяч казаков, 10 тысяч юнкеров военных училищ, более 7 тысяч раненых офицеров, 35–40 тысяч офицеров и чиновников тыловых учреждений и 55–60 тысяч гражданских лиц, значительную часть из которых составляли семьи офицеров и чиновников.

В море генерал барон Петр Николаевич Врангель дал на корабли радиограмму:

«Учитывая те трудности и лишения, которые Русской Армии придется претерпеть на ее дальнейшем крестном пути, я разрешил желающим остаться в Крыму. Таких почти не оказалось. Все казаки и солдаты Русской Армии... почти все бывшие красноармейцы и масса гражданского населения не захотели подчиниться коммунистическому игу... Неизменная твердость духа флота и господство на море дали возможность спасти армию и население от мести и надругания...»

Все корабли добрались в Константинополь, кроме эскадренного миноносца «Живой», погибшего в шторме. На нем безвозвратно ушли в пучину семеро человек команды и 250 пассажиров, в основном — офицеров Донского полка.

«ПРИКАЗ

Главнокомандующего Русской Армией № 4187

Крейсер «Генерал Корнилов»
21 ноября 1920 года

Тяжелая обстановка, сложившаяся в конце октября для Русской Армии, вынудила меня решить вопрос об эвакуации Крыма, дабы не довести до гибели истекающие кровью войска в неравной борьбе с наседавшим врагом.

Вся тяжесть и ответственность за успех предстоящей работы ложилась на доблестный наш флот, бок о бок с армией разделявший труды и лишения Крымского периода борьбы с угнетателями и насильниками нашей Родины.

Трудность задачи, возлагавшейся на флот, усугублялась возможностью осенней непогоды, и тем обстоятельством, что, несмотря на мои предупреждения о предстоящих лишениях и тяжелом будущем, 120 тысяч русских людей-воинов, рядовых граждан, женщин и детей, не пожелали подчиниться насилию и неправде, предпочтя исход в неизвестность.

Самоотверженная работа флота обеспечила каждому возможность выполнить принятое им решение. Было мобилизовано все, что не только могло двигаться по морю, но даже лишь держаться на нем. Стройно и в порядке, прикрываемые боевой частью флота, отрывались один за другим от русской земли погруженные пароходы и суда, кто самостоятельно, кто на буксире, направляясь к далеким берегам Царьграда.

И вот перед нами невиданное в истории человечества зрелище: на рейде Босфора сосредоточилось свыше ста российских вымпелов, вывезших огромные тысячи российских патриотов, коих готовилась уже залить красная лавина своим смертоносным огнем. Спасены тысячи людей, кои вновь объединились горячим стремлением выйти на новый смертный бой с насильниками земли русской...

Великое дело это выполнено Российским флотом под доблестным водительством его Контр-Адмирала Кедрова.

Прошу принять Его Превосходительство и всех чинов военного флота, от старшего до самого младшего, мою сердечную благодарность за самоотверженную работу, коей еще раз поддержана доблесть и слава Российского Андреевского флага.

От души благодарю также всех служащих коммерческого флота, способствовавших своими трудами и энергией благополучному завершению всей операции по эвакуации армии и населения из Крыма.

Генерал Врангель»

В первые же дни по прибытии русского флота в Турцию на крейсере адмирала Дюмениля в константинопольском порту прошло русско-французское совещание из официальных лиц, на котором французами было заявлено, что их страна берет под свое покровительство русских, эвакуировавшихся из Крыма, а в обеспечение своих расходов принимает в залог русский военный и торговый флот. Так дальнейшая судьба Черноморского Императорского флота оказалась в руках французского правительства.

Все же после совещания Врангель с просветлевшим лицом сказал Кедрову:

— Адмирал, армия знает, кому она обязана спасением! И я знаю, что я обязан только вам... Я никогда не забуду, адмирал, как вы один выручили меня... Помните, когда мои войска, ослушавшись моего приказания, не пошли к намеченным пристаням для эвакуации, а бросились к ближайшим портам, где не нашли пароходов? Какой хаос, какое смятение, какие несчастья могли бы обрушиться на голову отходящей армии, если бы не ваш энергичный приказ, заставивший всех образумиться и подчиниться моей дислокации...

Черноморский флот был преобразован в Русскую эскадру, на ее кораблях вместе с Андреевскими флагами были подняты и французские. Франция выбрала для русских кораблей свою военно-морскую базу на Средиземноморье в тунисском городе Бизерта — самой северной точке африканского континента. Этот порт основали три тысячи лет назад финикийцы, «Бизерта» в переводе с их языка означает «гавань, убежище».

8 декабря 1920 года эскадра вышла из Босфора к берегам Африки. Первый русский корабль «Великий Князь Константин» приплыл в Бизерту 22 декабря, потом — остальные включенные в русско-французский договор 32 судна, на борту которых было более 5 тысяч человек, в том числе 700 офицеров, около 2 тысяч матросов, 250 членов их семей.

*Младшая рота Кадетского Морского корпуса
в Бизерте в начале 1920-х годов*

Бизерта в Средиземном море стала приютом для русских моряков на ближайшие четыре года. Центром же притяжения здесь был Морской Кадетский корпус, вывезенный из Севастополя, — самое крупное учебное заведение для русских в Африке. Последние гардемарины — 300 младших офицеров из его пяти выпусков будут служить во флотах Франции, Югославии, Австралии.

Русский плавсостав таял по мере продажи его кораблей французами. В ноябре 1921 года на бортах было уже 2 тысячи моряков, а еще через полгода — около 1200. «Трофейный» русский флот французы сокращали как могли. Под предлогом «более тщательной дезинфекции» увели в Тулон самый современный корабль эскадры — транспорт «Кронштадт» с мастерскими, дававшими работу сотням матросов. Из Тулона он не вернулся, как и ледоколы «Илья Муромец», «Всадник», «Гайдамак», танкер «Баку», вошедшие в состав французского флота.

Широко распродавались боевой запас и другое имущество Русской эскадры «друзьями-французами», взявшими ее лишь «в залог». Видеть все это российским морякам было невмоготу. Они свято помнили, как топили на этих кораблях немцев и турок с командующим Черноморским флотом адмиралом Колчаком в Первую мировую войну, как загнали тогда врага безвылазно в порты.

Когда собрались французы продавать канонерскую лодку «Грозный», два ее мичмана Непокойчицкий и Рымша спустились к кингстонам — словно в далеком 1904 году при бое в Чемульпо на «Варяге», при Цусиме в 1905 на «Адмирале Ушакове», расстрелявшим все снаряды по десяткам атакующих японских миноносцев... Мичманы открыли кингстоны — «Грозный» ушел на дно Бизертской бухты.

В 1924 году Франция признала СССР, Белая территория на кораблях и в Морском корпусе в Бизерте прекращала свое существование. Большинство оставшихся судов французы передали советским властям. 6 мая 1925 года последний русский флотский императорский трубач затрубил в порту Бизерта, в двух шагах от развалин великого Карфагена сигнал «Всем разойтись!»...

Старые форты в Бизерте, в казармах, казематах которых обустраивались белые моряки с семьями

Однако русская колония моряков здесь не распалась, ведь они были спаяны православием, потому уже в 1937 году построили в Бизерте храм-памятник своему прошлому во имя Святого Благоверного Князя Александра Невского. Собирали на него из последнего у уцелевших русских флотских в Тунисе, Франции, Чехословакии. А на архитектурное украшение этой церкви пошло много вещей с проданного на лом в 1936 году последнего корабля эскадры, дредноута «Генерал Алексеев». Судно купил русский инженер и купец А. П. Клягин и передал его корабельные якоря, люстры, мраморные плиты Комитету по сооружению храма-памятника.

Списанный «Генерал Алексеев» как бы зародил новую церковь моряков не случайно, ведь в корабельной церковке этого дредноута молились, когда «грузный, грязный, завшивевший, он медленно уходил от родных берегов», — вспоминал потом очевидец. И далее:

«На баке, недалеко от гальюна, сбоку, в невзрачном месте — церковь. Маленькая, как будто недоделанная, с росписью. Всенощная или какое другое богослужение — не помню. Электрические лампы. Служит епископ Вениамин со стареньким священником, красиво и просто. Архиерейское облачение слишком пышно для этой церкви. Поет хор нестройно и невнятно — большинство певчих не знает слов... Церковь полна разношерстной толпой — и женщины, и мужчины. Зеленые шинели и френчи. Все идет не хитро, по походному, наспех, как тележка по кочкам скачет, но... так *хочется* молиться, так жадно вслушиваешься в обрывки слов, и как эти слова — "о недугующих и страждущих", "миром Господу помолимся", "Пресвятая Богородица, спаси нас" — волнуют, перехватывают горло, слезы текут ручьями и не стыдно их...»

Была у бизертского храма-памятника и еще более замечательная церковь-прародительница. Севастопольский Морской Кадетский корпус прибыл в Бизерту почти в полном составе, с оборудованием, библиотекой и разместился в городском предместье, казармах старого форта Кебир. В нем, в пещерном каземате, открыл храм во имя Святого Павла Исповедника митрофорный протоиерей Георгий Спасский — настоятель храма Морского корпуса, его духовник, законоучитель, лектор и писатель. Вот стихи по этому поводу из документальной книги преподавателя морского дела в Корпусе, капитана 1-го ранга В. В. фон Берга «Последние гардемарины»:

Бизерта в Африке;
Песок, пустыня, над ними пальмы и цепи гор.
В горах тех крепость и в ней
Ты церковь там морякам опять создал.

Ее украсил Ты образами,
Лампады светлые возжег;
Иконостас обвил цветами.
И словом оживил чертог.

И каземат угрюмый ожил,
И в нем запел прекрасный хор;
Ты с нами там так долго прожил
И нам открыл души простор.

Ароматом белых лилий
Была речь твоя полна,
Шелест крыльев херувимов
Проносился иногда...

Гардемаринская рота в Бизерте. 1923 год

Строили храм Святого Павла Исповедника в глубине темного коридора под земляным валом, в самом дальнем каземате с узкими амбразурами окон, как всегда, по-флотски общими усилиями. Иконостас взяли с эскадры; плащаницы, венцы, хоругви, иконы изготовили свои художники; ризы и церковные облачения шили дамы. Собрали хорошую нотную библиотеку. У правого клироса в особом киоте стояла икона Богородицы «Радость странным», написанная одним из моряков эскадры, перед ней — утешением странникам — всегда горела лампада. А над алтарем был нарисован голубь.

Капитан фон Берг описывает:

«Маленькая полутемная в каземате церковь. В самый торжественный момент над царскими вратами загорелся электрический крест, а посредине церкви паникадило, сделанное из баночек и старой жести. Облачение из бязи, точно из белого шелка. Все сделано самими: свои художники, свои плотники, свои слесаря, свои портнихи. Делали любящие руки... О, этот маленький пещерный храм! Как он дорог нам! Сюда несем мы свои скорби, сюда идем со своими надеждами.

"Молитву пролию ко Господу и Тому возвещу печали моя". Стройно и торжественно идет литургия. Служат пять священников и один диакон. Прекрасный бархатный голос его и красивая манера так способствуют благолепию службы. Задушевно поет хор из кадет, гардемарин, дам, офицеров и служащих.

Много труда и много любви вложил этот хор в свое святое дело.

Исповедники морской идеи молятся Павлу Исповеднику...

Горят лампады перед новой иконой странников бездомных — "Радость странным". В облаках, плывущих над морем с белыми кораблями, над зеленым полем с белыми лагерями (русских беженцев) растянула Царица Небесная Свой святой покров Богородицы и внемлет молитве-акафисту защитнице странников бездомных. Русские женщины, девушки, мальчики и девочки, русские воины-моряки слушают песнь сию утешительную на коленях в волнах ладана.

Жарко горят восковые свечечки под венцом живых цветов, окружающих Лик Богородицы.

"Защити, помоги и помилуй войско русское, войско белое под покровом Твоим святым на высокой горе в этой крепости!"

В амбразуру стены ворвался ветерок и колеблет хоругвь с Ликом Христа и белое знамя с крестом Андрея Первозванного; а высоко над церковью на валу крепостном льется ласковый звон родного колокола...»

Такими были под командой блестящего адмирала Кедрова последние из последних императорских русских моряков. На смену им заявилась матросская «братва», которая в 1917 году за бортом и пулями «мочила» своих офицеров. В петроградском порту эти безбожники стали главными потребителями кокаина, исторически запечатлелись лихо заломленными бескозырками, плечищами, перекрещенными пулеметными лентами. Их называли «матроснёй», ее на Гражданской войне белые в плен не брали.

Храм-памятник русским кораблям и морякам во многом удалось создать потому, что его будущие прихожане стали ядром «Культурной ассоциации православных в Бизерте», которую зарегистрировали в этом бывшем форте 25 января 1937 года. Освящение храма-памятника во имя Святого Князя Александра Невского состоялось 10 сентября 1938 года.

На царских вратах этой церкви с тех времен синеет выцветший Андреевский флаг с корабля «Георгий Победоносец». С этого же судна в храме самые ценные иконы с образами Иисуса Христа, Божией Матери, святых Константина и Елены. Здешние иконы и фрески, как почти все украшения храма, выполнены бизертскими прихожанами. Часть фресок написал временный настоятель храма игумен Пантелеимон (Рогов), иконы иконостаса и двух евангелистов исполнены Г. Чепегой, малые иконы иконостаса — В. Н. Зверевым, икона «Тайная вечеря» — Г. М. Янушевским. Икону в киоте святого благоверного князя Александра Невского написал сын директора бизертского Морского корпуса вице-адмирала Герасимова В. А. Герасимов, крест над киотом — работы А. С. Манштейна. Входную дверь оформлял многолетний настоятель храма протоиерей Иоанн Малиженовский, решетку церковной ограды сделал М. В. Михайлов. Под Императорским орлом на стене находится мемориальная мраморная доска с перечнем русских кораблей, пришедших в Бизерту в 1920 году.

Трудился над украшением бизертской церкви и высокий профессионал. Это известнейший в Русском Зарубежье талантливый архитектор, теоретик градостроительства и превосходный художник Михаил Федорович Козмин (1901–1999), мастерское имя которого уже встречалось в этой книге. Замечателен он уже тем, что прожил в сплошных бурях на свете 98 лет. В храме-памятнике Михаил Федорович написал образы двух

Архитектор и художник
М. Ф. Козмин

евангелистов в верхней части церковного свода рядом с изображениями евангелистов Г. Чепеги. В то же время Козмин, являясь главным архитектором французской колонии Тунис, начал проектировать другой православный храм в столице этого государства так же с названием Тунис. Этот **храм в честь Воскресения Христова** в городе Тунисе был освящен в 1955 году, но сначала давайте познакомимся с биографией нашего выдающегося соотечественника М. Ф. Козмина.

Михаил Козмин родился 7 апреля 1901 года на праздник Благовещения в Гродненской губернии в дворянской семье. Его дед был губернатором города Гродно и в браке породнился с Императорской династией Романовых. Поэтому мальчика представляли Государю Николаю Второму, когда Царь находился с официальным визитом в Гродно, а потом после гимназии приняли в Императорский лицей Петербурга.

Священномученик
Иувеналий (Масловский),
архиепископ Рязанский

Миша рос в усадьбе, где еще царил тургеневский дух «дворянских гнезд», а в храме гродненской гимназии не пропускал ни одного богослужения, любил бывать на литургии в городских храмах. Позже, учась в Петербруге, ему не хватало в столичных церквах того благолепия и торжественности, что отличали провинциальный гродненский чин.

Большое влияние на юношу произвел его дядя с материнской стороны Евгений Александрович Масловский, который был пострижен в монашество с именем Иувеналий ректором Казанской Духовной Академии епископом Антонием (Храповицким) в 1901 году, в том же году рукоположен во иеродиакона и в 1902 году — во иеромонаха. Аскет и эрудит, отец Иувеналий часто бывал у Козминых, в Петербурге пользовался покровительством Великой княгини Елизаветы Федоровны, которая мечтала возвести его на столичную кафедру. В 1914 году он был рукоположен во епископа Каширского, а в 1917 году, незадолго до Октябрьского переворота переведен на Тульскую кафедру. В 1923 году владыка Иувеналий был возведен в сан архиепископа и назначен на Курскую кафедру, а в 1929 году — на Рязанскую. Он стал известен как выдающийся литургист, автор «Архиерейского Торжественника». В 1936 году архиепископ Иувеналий отслужил в рязанском соборе торжественную панихиду по убиенному большевиками Государю Николаю Второму, за что был арестован, отправлен в Сиблаг, где в ночь с 24 на 25 октября 1937 года его расстреляли.

23 июня 1992 года священномученник Иувеналий был прославлен в Соборе Рязанских святых. 92-летним стариком М. Ф. Козмин, живя во французском городе Шавиле, узнал это о своем дяде, судьба которого была ему после революции неизвестна. Две рязанские старушки разыскали его адрес во Франции и прислали магнитофонную запись церковного торжества, посвященного архиепископу Иувеналию. Козмин слушал ее со слезами на глазах.

Еще бы, Михаил Федорович испил до дна горечь Русской Смуты, как называл то лихолетье в своих книгах генерал А. И. Деникин. Козмин воевал в Белой армии, потом эмигрировал и продолжил образование в Белградском университете. Там изучал архитектуру у таких известных русских преподавателей, как Самойлов, Краснов, Папков, Васильев. Окончание им университета совпало с тем, что югославский король Александр перестраивал свою столицу и многие блестящие русские архитекторы помогали ему в этом. Козмин спроектировал в Белграде министерство строительства, а для себя построил замечательную виллу в сербском средневековом стиле «конаки» в местечке Земун на берегу Дуная.

Во время Второй мировой войны в 1942 году немецкие оккупационные власти присоединили Земун к Хорватии, это и другие обстоятельства заставили Михаила Федоровича переехать в Германию. В течение военных и послевоенных лет безработному Козмину удавалось выживать во многом благодаря преподаванию французского языка его супругой Ириной Павловной.

Поэтому в конце концов Козмин отправился в Тунис, где его талант высоко оценили и предоставили пост главного архитектора страны. В проекте русского храма Воскресения Христова в городе Тунис Козмин обратился к русской средневековой архитектуре и возродил ее элегантную строгость, величественное изящество. После того, как Тунис обрел независимость, Козмин стал одним из ведущих архитекторов президента Бугриба и среди других объектов построил, например, ему летнюю резиденцию.

Во Францию Михаил Федорович переехал в 1960-е годы. Он не принял господствовавшую тогда здесь моду, изрезавшую парижский регион гигантскими бетонными башнями, а выступал за архитектуру, гармоничную природе и человеку. Свои принципы Козмин резюмировал в книжке «Экологическое жилищное строительство новой эры», вышедшей в Париже и переизданной на русском языке в России в 1993 году.

Храм в честь Воскресения Христова в городе Тунисе

На склоне лет Михаил Федорович Козмин перестраивал русский собор в Сиднее, во Франции был жертвователем Свято-Богородицкого Леснинского женского монастыря в Нормандии, где спроектировал обрамление иконостаса и сделал другие украшения его храма. В русской церкви французского города Шавиль, где Михаил Федорович прожил последние годы, он написал иконостас со всей силой своего таланта. Среди козминских картин выделяется прекрасный портрет Государя Императора Николая Второго в серовском духе, а лучшее его полотно посвящено шедевру древнерусской архитектуры — церкви Покрова Богородицы на Нерли.

Последней работой убежденного монархиста М. Ф. Козмина были чертежи к постройке храма Святого Царя-Мученика Николая и Святых Новомучеников и Исповедников Российских в Вильмуассон-сюр-Орж, где настоятелем служит митрофорный протоиерей Вениамин Жуков, воспоминания которого о его отце — «рядовом русском человеке Святой Руси» — приведены ранее, в очерке о русских храмах Парижа и его окрестностей. Бывший белый офицер Жуков-старший скончался с пением «Христос Воскресе» в 99 лет и в 1997 году был отпет в храме, спроектированным таким же белым ратником Козминым. Как у всех этих последних из последних имперских русских людей много общего! Их жизни, героические, подвижнические биографии словно проросли друг в друга. 98-летнего Михаила Федоровича отпевали в православной церковке Шавиля

Основатель прихода в городе Тунисе митрофорный протоиерей Константин Михайловский

2 мая 1999 года около его иконостаса превосходного письма...

Спроектированный М. Ф. Козминым храм Воскресения Христова в Тунисе, как и бизертский храм-памятник, «продолжившийся» с корабельных церквей Белой Русской эскадры, имеет своего «прародителя», который тоже возник в связи с появлением в Бизерте Императорских кораблей в 1920 году. Православный приход в городе Тунисе тогда основал митрофорный протоиерей Константин Михайловский, состоявший до Первой мировой войны ключарем Гродненского кафедрального собора, а в войну — священником Лейб-Гвардии Финляндского полка.

Отец Константин устроил свой храм в наемном у арабов помещении. Удалось это ему, потому что батюшка пользовался большим уважением среди арабского населения и многочисленной местной греческой колонии, имевшей свой великолепный храм, где он служил, когда там не было настоятеля. Домовый храм отца Константина регулярно действовал до его смерти в 1942 году.

После Второй мировой войны, когда русская колония в Тунисе пополнилась новой волной русских эмигрантов, энтузиасты решили воплотить в жизнь свой давнишний замысел о создании здесь собственного храма. В 1953 году приобрели участок для постройки храма и приходского дома. Избрали Строительную комиссию под председательством настоятеля прихода, епископа Нафанаила, в составе инженеров Лаговского, Сукурского, Шпалянского, казначея А. И. Штоля, церковного старосты, сына покойного отца Константина — К. К. Михайловского.

В том же 1953 году епископ Нафанаил в сослужении с настоятелем Бизертского прихода, протоиереем Иоанном Малиженовским, совершил закладку храма, который в течение двух лет был построен по проекту Козмина на средства прихожан. Их было тогда свыше 250 человек, но много денег пришлось занимать и на стороне, а потом годами выплачивать долг.

В 1955 году церковь Воскресения Христова освятили Вселенский Чудотворец Иоанн (Максимович), в то время архиепископ Западно-Европейский, и епископ Женевский Леонтий (Барташевич) в сослужении с настоятелем храма иеромонахом Митрофаном (Едлинским-Мануйловым). В выстроенном приходском доме была квартира для настоятеля, комната для псаломщика-диакона отца Николая Вороневского, зал для собраний, библиотека и читальня, комната для заседаний и приемов, помещение для престарелых.

Благодаря переизбранному в 1956 году церковно-приходскому совету под председательством П. Д. Люцернова, удалось выплатить полностью долг за землю под церковный участок. Много хлопотал совет и устроил нескольких десятков пожилых русских в старческий дом во Франции, добивался пенсий для вдов, заботился по другим острым вопросам общины. На чужбине русская церковь — главный центр по всем проблемам для соотечественников.

Епископ Леонтий (Барташевич),
архиепископ Иоанн (Максимович) и иеромонах
Митрофан (Едлинский-Мануйлов) на освещении
Воскресенского храма в Тунисе

После получения Тунисом в том 1956 году независимости от французского протектората многие французы стали уезжать на родину и им вслед русские. К 1965 году от сотен здесь остались десятки прихожан — что в столице, что в Бизерте. Однако и поныне две русские церкви в этих городах как несокрушимые форты Православия светят своим царственным «белогвардейским» белокаменьем.

Кафедральный собор в честь иконы Божией Матери
«Споручница грешных» в Шанхае

ХРАМЫ КИТАЯ

Огромный **собор в честь Иконы Божией Матери «Споруч-ница грешных»** можно видеть и сегодня в Шанхае, несмотря на то, что в период здешней «культурной революции» было разрушено много святынь разных религиозных конфессий. Ценность этого бывшего православного кафедрального собо-ра и в том, что достраивал его святитель Иоанн Шанхайский и Сан-Францисский, о парижском периоде служения кото-рого мы уже рассказывали, как и касались его участия в освящении русского храма в Африке. Свое первое именование «Шанхайский» святитель получил благодаря его служению на данной кафедре в Китае, поэтому уместно полнее изложить житие сего чудотворца именно в этой главе.

Святитель Иоанн родился 4 июня 1896 года в имении своих родителей, потомственных дворян Глафиры Михай-ловны и предводителя губернского дворянства Бориса Ива-новича Максимовичей в местечке Адамовка Харьковской губернии и при крещении был наречен Михаилом. Главным стремлением мальчика, росшего послушным, было служить истине, а какой, он еще себе не представлял. В то же время будущую судьбу Миши можно было хотя бы в какой-то сте-пени «примерить» к его высокодуховному предку. Максимо-вичи являлись выходцами из Сербии, и одного из них во священстве звали так же, как в будущем монашеском по-стриге назовут и Максимовича-младшего: святитель Иоанн, Митрополит Тобольский. Жил этот подвижник, миссионер и духовный писатель в первой половине XVIII века, и при-числен к лику святых в 1916 году. Прославление Митро-полита Иоанна Тобольского было последним при святом Царе-Мученике Николае Втором.

*Митрополит
Антоний
(Храповицкий)*

На учебу родители определили Михаила Максимовича в Петровский Полтавский кадетский корпус. Учился он здесь отлично, не любил лишь два предмета: гимнастику и танцы. Кадет Максимович уже чувствовал, что избран не для воинского пути, и старался больше общаться с законоучителем кадетов протоиереем Сергеем Четвериковым, автором замечательных книг о преподобном Паисии Величковском и о святых Оптинских старцах. Михаил был также принят у ректора местной семинарии архимандрита Варлаама.

Дата окончания кадетского корпуса Михаилом Максимовичем не случайно совпала со днем вступления на Харьковскую кафедру уже тогда известнейшего богослова архиепископа Антония (Храповицкого), главного восстановителя на Руси патриаршества, впоследствии Митрополита Киевского и Галицкого, председателя Высшего Церковного Управления Белой армии и основателя РПЦЗ. Владыка Антоний всегда принимал близко интересы церковно настроенной молодежи и, узнав о неординарном кадете Максимовиче, захотел с ним познакомиться. Так Михаил встал под его духовное руководство.

Тем не менее, еще не решившийся посвятить себя Церкви, Максимович поступил в Харькове на юридический факультет университета. Он закончил его в 1918 году и потом работал некоторое время при правлении Украиной гетманом Скоропадским в харьковском суде. Об этом времени позже святитель вспоминал:

«Изучая светские науки, я все больше углублялся в изучение науки из наук — духовной жизни».

Бывая в монастыре, где служил владыка Антоний, Михаил благоговейно молился у здешней гробницы подвижника первой половины XIX века архиепископа Мелетия (Леонтовича).

Русская Смута вынудила семью Максимовичей эвакуироваться в Белград, где Михаил, наконец, встал на путь своей жизни: поступил на богословский факультет Университета святителя Саввы, на последнем курсе которого Митрополит Антоний (Храповицкий) посвятил его во чтеца. Окончил университет Михаил в 1925 году, а в 1926 году Митрополит Антоний в монастыре Милькова постриг молодого богослова в монашество с наречением имени Иоанн: в честь того самого Максимовича, что прославлен святым как Иоанн Тобольский, — и рукоположил его во иеродиаконы.

Вскоре Иоанн стал иеромонахом и законоучителем в сербской гимназии. В 1929 году отец Иоанн переехал на службу преподавателем и воспитателем в сербскую семинарию святого апостола Иоанна Богослова Охридской епархии в городе Битоле. Здесь стали известны его духовные подвиги. Инок Иоанн постоянно и беспрестанно молился, ежедневно служил литургию или присутствовал на ней, причащаясь. Он строго постился и ел обычно раз в сутки поздно вечером. Иеромонах никогда не ложился спать, засыпал лишь от изнеможения — во время земного поклона под иконами.

Окоромлявший эту епархию епископ Николай (Велимирович) любил его, и однажды сказал семинаристам от всего сердца:

— Дети, слушайте отца Иоанна. Он ангел Божий в человеческом образе.

Была у святителя необыкновенная память, и он являлся истинно глубоко образованным человеком, учившись военному делу в кадетах, юридическому — в Харьковском университете, богословию — тоже на университетском уровне в Белграде. Иеромонах Иоанн знал в совершенстве несколько иностранных языков. Поэтому не было вопроса, на который он бы не мог ответить, не встречалось проблемы, какой батюшка не смог бы разрешить.

В первую неделю Великого Поста отец Иоанн ничего, кроме одной просфоры в день, не вкушал, так же и на Страстной неделе. Когда наступала Великая Суббота, тело подвижника было истощено... В день Святого Воскресения Господня он неподдельно оживал и со светящимся лицом так ликующе восклицал: «Христос Воскресе!», — что всем в храме чудилось, будто Христос действительно воскрес именно в эту ночь.

В 1934 году Архиерейский Синод РПЦЗ возвел отца Иоанна в сан епископа и назначил его в Шанхай викарным архиереем Пекинской миссии. Владыка Иоанн прибыл в Шанхай 21 ноября 1935 года. Здесь его встретил юрисдикционный конфликт: клирики прихода Украинской Православной Церкви не общались с русским духовенством по националистическим предрассудкам. Епископ Иоанн посетил украинского священника и поведал тому, что сам — природный малоросс с длинной украинской родословной, после чего приход вошел в лоно РПЦЗ. Владыка наладил также тесный контакт с православными общинами сербов и греков.

Серьезной проблемой тут было и затянувшееся строительство грандиозного кафедрального собора, на участке которого возводились трехэтажный приходский дом со звонницей. В краткие сроки святитель Иоанн Шанхайский достроил весь этот церковный комплекс, посвятив храм иконе Божией Матери «Споручница грешных». Его величественное здание, вмещающее в себя около двух с половиной тысяч молящихся, было построено на средства крупных жертвователей и даяния дальневосточной русской эмиграции.

Владыка Иоанн по прибытии в Шанхай

О том, как жил собор в 1940-е годы, мы читаем в документальной книге бывшего члена Приходского совета Шанхайского собора В. М. Наумова «Мои воспоминания», изданной в Сан-Франциско в 1975 году:

«В Приходском Совете было две комиссии — финансовая и хозяйственная, я принимал участие в обеих комиссиях. Заседания Приходского Совета обычно проводились в Архиерейском доме, общеприходские собрания созывались в самом соборе. М. А. Мошкин в то время был помощником старосты, он и пригласил меня и выставил мою кандидатуру в члены Приходского Совета. В то время число членов прихода было около двухсот человек. Мы энергично повели работу по привлечению новых прихожан, отыскивали адреса русских по телефонной книге, рассылали письма, писали воззвания, и результаты получились блестящие — число членов увеличилось до 800 человек и общими силами было закончено строительство собора, был возведен трехъярусный иконостас и закончена роспись храма.

В Приходском Совете тогда состояли: староста Г. К. Бологов, помощник старосты М. А. Мошкин, В. М. Наумов, Г. Г. Садильников, Т. К. Васильев, А. А. Иршенко, П. Н. Бабкин, В. С. Цепкин и Я. А. Корнилов.

Мне очень хотелось привлечь к работе людей более молодых, так как в состав Приходского Совета входили люди уже среднего возраста, и я выставил кандидатуры и привлек к работе Б. М. Троян и Б. И. Силина.

Я работал в хозяйственной комиссии, в ведении которой был наш церковный киоск. Киоск был построен в церковной ограде и был открыт не только в часы богослужений, но и днем. В дневные часы в киоске работал не на жаловании, а на процентах с продажи Н. М. Воронов. Финансовая комиссия, в которой я тоже состоял, ведала приемом денег с киоска, получением членских взносов и пожертвований на дело строительства и украшения храма.

Собор наш был очень большой и красивый, при входе с левой стороны был свечной ящик, с правой — место для финансовой комиссии для приема членских взносов и пожертвований. Мы дежурили поочередно во время Богослужений, обычно дежурил или я, или Мошкин, или Садильников.

Во время войны церковная жизнь шла спокойно и мирно, русские люди много жертвовали на собор, по праздничным дням и в воскресенье собор был переполнен. Несмотря на военное время и связанные с войной тяжелые материальные дела у многих и многих людей, — не прекращался приток жертвований, и каждый прихожанин аккуратно платил свои членские взносы».

В Шанхае епископ Иоанн обращал особое внимание на духовное образование детей, сам преподавал Закон Божий в старших классах Коммерческого училища и всегда присутствовал на экзаменах по Закону Божьему во всех православных школах города. Он стал одновременно попечителем различных благотворительных и филантропических обществ, активно участвуя в их работе. Особенно произвела впечатление на владыку бедность большинства его паствы — беженцев из СССР. Епископ никогда не принимал приглашение на чай в богатые дома, но всегда был там, где царила нужда, независимо от времени и погоды. Для сирот и детей нуждающихся родителей святитель Иоанн устроил дом, поручая их небесному покровительству очень почитаемого им святителя Тихона Задонского, любившего детей. Епископ сам подбирал больных и голодающих ребятишек на улицах и в темных переулках шанхайских трущоб. Сиротский дом, начавшийся с восьми детей, впоследствии мог приютить одновременно уже сотни, а в общей сложности через него прошло около 3500 детей.

После литургии святитель Иоанн оставался в алтаре по два-три часа, и однажды заметил:

— Как трудно оторваться от молитвы и перейти к земному.

Кафедральный собор в честь иконы «Споручница грешных» в Шанхае. Слева от собора — архиерейский дом со звонницей

Владыка служил в соборе иконы Богородицы «Споручница грешных» каждое утро и вечер, даже когда был болен. Однажды у святителя Иоанна тяжко распухла нога и консилиум врачей, опасаясь гангрены, предписал ему немедленную госпитализацию, от которой он категорически отказался. Тогда доктора оповестили Приходский совет, что освобождают себя от всякой ответственности за жизнь епископа. После уговоров прихожан владыка согласился, и утром, за день до праздника Воздвижения Креста Господня, был отправлен в больницу. К шести часам вечера вдруг он, прихрамывая, пришел в собор и начал служить. Опухоль у него совсем прошла.

Рассказывает очевидица Лидия Лью:

«Владыка дважды приезжал в Гонконг. Это кажется странным, но я, не зная владыку, написала ему письмо с просьбой о помощи одной вдове с детьми, а также спрашивала его о некоторых личных духовных проблемах, но ответа я не получила. Прошел год. Владыка приехал в Гонконг, и я была в толпе, которая встречала его в храме. Владыка обернулся ко мне и сказал: "Вы та, кто написал мне письмо!" Я была поражена, так как владыка никогда меня до этого не видел. Когда пропели молебен, владыка, стоя у аналоя, стал читать проповедь. Я стояла рядом с матерью, и мы обе видели свет, окружавший Владыку и идущий вниз к аналою, — сияние это было толщиной с фут. Длилось оно достаточно продолжительное время. Когда проповедь закончилась, я, пораженная необычайным явлением, рассказала о виденном Р. В. С., он же ответил нам: "Да, многие верующие видели это". Мой муж, стоявший чуть поодаль, также видел этот свет».

Святитель Иоанн Шанхайский обладал великим мужеством. Во время японской оккупации Шанхая захватчики старались любым способом подчинить себе русскую колонию, оказывая давление через руководителей Русского эмигрантского комитета. Два президента комитета боролись за независимость от японцев и были убиты. Смущение и страх охватили шанхайских русских, тогда святитель Иоанн объявил себя временным главой русской колонии, несмотря на угрозы тех, кто сотрудничал с оккупантами. Ходить ночью в те времена по улицам Шанхая и так было исключительно опасно, а владыка продолжал навещать больных и нуждающихся в любой час.

В 1945 году святитель Иоанн единственный из дальневосточных епископов остался верным Синоду РПЦЗ и противостоял Пекинскому архиепископу Виктору, перешедшему в РПЦ, находящуюся в СССР, и принуждавшему к этому других. В 1946 году святитель был возведен в сан архиепископа: в епархию святителя Иоанна Шанхайского вошли все «независимые» русские в Китае.

В конце 1940-х годов с победой коммунистов в Китае русские эмигранты вынуждены были оттуда бежать вместе с другим населением, не желавшим оставаться под красной властью. В 1949 году почти 5000 беженцев из Китая находились в лагере Международной беженской организации на одном из Филиппинских островов — Тубабао.

Архиепископ Иоанн Шанхайский имел американскую визу, но оставить своих чад из сиротского приюта святителя Тихона,

Святитель Иоанн с беженцами на острове Тубабао

других русских здесь в тяжелых условиях, в палатках под угрозой постоянных тайфунов он не мог. В кратчайший срок владыка наладил тут временную епархиальную канцелярию, устроил женский монастырь, открыл три храма.

Святитель Иоанн начал ходатайствовать о переезде беженцев в США у местных властей и в американском консульстве в Маниле. Там к нему отнеслись недружелюбно, и владыка отправился в Вашингтон, где невероятным образом уладил это многосложное дело. Вернувшись в Манилу, архиепископ поехал в Министерство внутренних дел, куда опоздал на час и явился перед министром в небрежном виде. Но теперь министр во всем пошел русскому архиерею навстречу. Сопровождавший святителя Иоанна его прихожанин В. А. Рейер диву давался, а потом высказался:

— Для меня стало очевидным, что человеческими мерками ни определить, ни оценить владыку нельзя. Господь сопутствовал владыке в его делах, и что казалось для нас непреодолимым, не являлось препятствием на его путях.

Все это хорошо ощущали местные туземцы. Удивлялись, когда русские распрашивали их об опасностях тайфунов, и отвечали:

— Ваш святой человек каждую ночь обходит весь ваш лагерь и осеняет крестом его с четырех сторон.

Правда — за 27 месяцев пребывания русских беженцев на Тубабао им лишь раз довелось увидеть вдали тайфун, но и тот внезапно переменил курс и обошел остров. Но как только большинство русских покинуло его, в Тубабао вдруг ударил тайфун, который всё снес на своем пути.

В 1951 году святитель Иоанн был назначен возглавлять Западно-Европейскую епархию. Он постоянно разъезжал по всей Европе, много времени отдавая Франции. В этих краях «святой Иоанн Босой», как его называли в Париже, явил два образа святости: с одной стороны, показал себя подвижником благочестия, стяжавшим обильные дары благодати напряженным личным подвигом, в том числе и юродства, с другой — святым пастырем, собиравшим и защищавшим Христово стадо. Отсюда и открывается двуединый путь истинного Православия, противостоящего отступлению — апостасии.

Осенью 1962 года святитель Иоанн прибыл на свою последнюю кафедру в Сан-Франциско. Сначала он помогал тяжело заболевшему местному главе, престарелому архиепископу Тихону, а после кончины архиерея в марте 1963 года занял его должность, став правящим архиепископом Западно-Американским и Сан-Францисским.

Та же ситуация, что и в Шанхае, оказалась перед святителем: нестроения терзали епархию; кафедральный собор, посвященный памяти Пресвятой Богородицы, в Сан-Франциско не достроен. Прежде всего требовалось возобновить остановленное по недостатку средств и разногласиям общины строительство храма, и архиепископ Иоанн продолжил его, воодушевляя всех на жертвенность и труд. Многое ему при этом «прорабстве» пришлось претерпеть, однажды даже пришлось отвечать по иску в американском суде.

В 1964 году строительство самого большого храма РПЦЗ в Америке — кафедрального собора Пресвятой Богородицы «Всех скорбящих Радости» — было завершено. Пять золотых куполов загорелось в городе, а воздвижение на них огромных крестов, величественно парящих над Сан-Францисским заливом, предварили торжественным крестным ходом с богомольцами в линию длиной более мили.

О времени и месте своей кончины святитель Иоанн Шанхайский и Сан-Францисский заранее знал. Весной 1966 года при нем разговорились о епархиальном съезде, который должен был быть через три года, и архиепископ спокойно заметил:

— Меня не будет здесь тогда.

В мае 1966 года прихожанка, хорошо знавшая владыку по Сан-Франциско в течение двенадцати лет, тоже заговорила при нем о каких-то планах и он сказал:

— Скоро, в конце июня, я умру, но не в Сан-Франциско, а в Сиэтле.

В конце июня 1966 года святитель Иоанн собирался сопровождать Чудотворную Курско-Коренную икону Пресвятой Богородицы в Сиэтл и Первоиерарх РПЦЗ Митрополит Филарет отслужил для него обычный молебен перед путешествием. После него архиепископ Иоанн вместо того, чтобы окропить себе голову святой водой, как то всегда делают иереи, низко поклонился и попросил Митрополита покропить его, а затем вместо обычного взаимного целования рук твердо взял руку Митрополита и поцеловал ее, убрав свою. Вечером накануне отъезда в Сиэтл владыка Иоанн отслужил молебен для одного прихожанина и сказал тому:

— Ты больше не приложишься к моей руке.

2 июля 1966 года в Сиэтле святитель Иоанн, отслужив литургию в Николаевском соборе, еще три часа молился в алтаре. Потом с образом Курской-Коренной Богородицы вышел к православным около собора.

Затем святитель Иоанн пошел в комнату церковного дома, где остановился. Вдруг оттуда послышался шум... Люди вбежали: святитель лежал на полу и умирал. Святого Иоанна посадили в кресло перед Чудотворной иконой Божией Матери Курской-Коренной. Он умер, будто ангелом отлетел.

Шесть дней лежало тело святителя в открытом гробу и, несмотря на летнюю жару, на то, что похоронное бюро его не бальзамировало, не ощущалось ни малейшего запаха тления, а руки были мягкими, неокоченевшими...

Осенью 1993 года решили освидетельствовать останки святителя Иоанна Шанхайского и Сан-Францисского. Сняв крышку саркофага, вынули из него металлический гроб. За минувшие тридцать лет гроб совершенно проржавел, но когда открыли его, у святителя Иоанна были нетленны руки и лик — Бог прославил Своего святого.

Храм в честь Покрова Пресвятой Богородицы в Харбине в отличие от шанхайского собора, оставшегося лишь архитектурным памятником, поныне является действующим и входит в Китайскую Автономную Православную Церковь. Это не случайно, ведь город Харбин был такой же Меккой для русской эмиграции на Дальнем Востоке, как в Западной Европе Париж.

Дальневосточная русская эмиграция издавна являлась одной из наиболее жизненных областей рассеяния наших соотечественников. еще в XVII веке в Пекине действовала Русская православная миссия. После большевицкого переворота в России Шанхай привлек особое внимание русских,

Храм в честь Покрова Пресвятой Богородицы в Харбине

куда устремились многие беженцы из Сибири, и в 1930 году их там было до 20 тысяч человек — при общем числе в городе 50 тысяч иностранцев, тут служили восемь русских православных храмов.

Однако еще более важное значение имела Харбинская епархия с ее центром в Харбине, который тогда как бы превратился в российский город — 45 тысяч русских эмигрантов! С их расселением в этой епархии оказалось 50 приходов, мужские и женские монастыри, два церковных подворья, много церковно-благотворительных учреждений. В Харбине открылись средние и высшие русские учебные заведения, в том числе одна из лучших богословских школ РПЦЗ — Богословский факультет Института Святого Владимира.

История же Харбина, Харбинской епархии неразрывно связана с судьбой Китайско-Восточной железной дороги (КВЖД). Концессия на строительство КВЖД, выданная в 1896 году китайским правительством Русско-Азиатскому банку, была направлена на присоединение части Маньчжурии к России и полной русификации этого края. Харбин, основанный строителями КВЖД в 1898 году в месте пересечения железнодорожной магистрали и реки Сунгари, был задуман как административный центр полосы отчуждения КВЖД. Через пять лет после его основания население тут насчитывало свыше 40 тысяч человек, большинство из которых были русскими православными.

В 1900 году Священный Синод Русской Православной Церкви поручил заботу о православном народе Северной Маньчжурии своему Забайкальскому епископату. Указом Синода в 1903 году полоса отчуждения КВЖД была подчинена начальнику Русской духовной миссии в Пекине, в июле того же года с вводом КВЖД в эксплуатацию священнослужители были объявлены состоящими на службе КВЖД по церковному отделу. В 1907 году по Высочайшему соизволению все церкви и духовенство Северной Маньчжурии передали во Владивостокскую епархию под омофор епископа Владивостокского и Приамурского Михаила (Богданова).

Давно по всему миру было известно — где бы ни появились русские, они прежде всего строят храм, и от него, около него начинается их общинная жизнь. Так и в июне 1898 года, когда на место будущего Харбина вместе с отрядом российской охранной стражи прибыл батюшка Александр Журавский, уже в августе тут появился первый православный храм в честь Николая Угодника Мир Ликийских. В 1899 году **во имя Святителя Николая** была заложена **церковь** в строящемся Харбине, **ставшая впоследствии кафедральным собором.** До 1922 года по западной линии КВЖД построили 8 церквей, по восточной — 7, по южной — 3.

Свято-Николаевский кафедральный собор в Харбине

В самом Харбине с 1898 по 1921 год сооружено 9 храмов, а с 1922 по 1928 — 12 церквей. В 1903 году возвели в городе Благовещенский храм, в 1918 году он сгорит, а вновь отстроится и будет освящен 14 сентября 1941 года. Так же бережно относились харбинцы к памяти любой своей церкви. Например, в начале 1900-х годов срубили деревянную Свято-Софийскую церковь при 4-й Восточно-Сибирской стрелковой дивизии, 18 марта 1907 года ее перенесли в район Пристани. В 1912 году перестроят этот храм впервые, а во второй раз — в 1923 году. Наконец, в 1932 году Свято-Софийскую заново отстроят из красного кирпича, в наши дни в этой церкви — музей истории Харбина. Похожая судьба была и у Алексеевского храма, трижды переносимого с места на место, в последний раз в 1912 году — в Мадягоу. В 1908 году в Харбине воздвигли две новые церкви: одну — на улице Офицерской, и принадлежала она штабу Заамурской охранной стражи, другую — в Госпитальном городке. В том же году освятили Успенский храм на Новом кладбище.

В 1920-х годах заполонившие Харбин русские беженцы с энтузиазмом взялись за храмовое строительство. В 1920 году возвели Преображенскую церковь в Корпусном городке. В 1922 году построили Покровскую церковь, с которой мы начали рассказ о Харбине, в 1930 году этот храм, как и вскоре Свято-Софийский, вновь отстроят из красного кирпича. В 1923 году построена Пророко-Ильинская церковь на 2-й Диагональной улице, Иоанно-Предтеченская в Московских казармах, Иоанно-Богословская при «Русском доме»; в 1925 году — Алексеевская на Зеленом бульваре; в 1927 году — Борисовская в Остроумовском городке (приход открыт в 1923 году), церковь Скорби и храм-памятник Государю Императору Николаю II и королю Себскому Александру при Доме милосердия; в 1928 году — **Свято-Николаевская в Затоне** на реке Сунгари (приход открыт в 1923 году) и церковь при тюрьме Особого района.

В 1924 году в Харбине открылась также женская Владимирская обитель на Почтовой улице. В харбинском предместье между поселками Модягоу и Гондатти был построен

Свято-Николаевская церковь в Затоне

*Мужской
Казанско-Богородский
монастырь*

мужской **Казанско-Богородский монастырь.** В нем с 1926 года издавался журнал «Хлеб Небесный», имевший подписчиков в Европе и Америке. Успех издания был связан и с тем, что его редактором являлся член Епархиального совета с 1924 года Е. Н. Сумароков.

Таким образом, Харбин располагал богатейшим культурным наследством — великолепным православным архитектурным ансамблем. Из блестящей плеяды умельцев, творцов, создававших его, необходимо упомянуть епархиального архитектора М. М. Осколкова, спроектировавшего последний «вариант» Свято-Софийской церкви, художницу Баранову-Попову, известнейшего тогда регента Воротникова.

При Харбинской епархии, организованной в 1922 году, в 1927 году открылись Пастырско-богословские курсы, выпускники которых получали права наравне с окончившими курс православных русских семинарий. Они дважды выпустили по двадцать человек, большинство из которых приняли священный сан. В 1934 году Курсы преобразовали из среднего учебного заведения в высшее — Богословский факультет Института Святого Владимира, который являлся безусловным «центром религиозно-научной мысли и просветительской деятельности», как его аттестовали. Он действовал дольше двух других институтских факультетов — Политехнического и Восточно-Экономического. С 18 февраля 1938 года в городе открыли духовную семинарию с целью «возвратить будущей России верных сынов».

В Харбине при наблюдении и содействии епархиального архиерея работали церковно-благотворительные приют для мальчиков «Русский дом», основанный в 1920 году, Ольгинский приют (1923), приют-убежище имени Митрополита Мефодия (1929), Серафимовская народная столовая (1934). Заботу о нуждавшихся вдовах и сиротах духовенства взяло на себя «Епархиальное попечительство о бедных духовного звания».

При Харбинской епархии были также учреждены и энергично действовали такие хозяйственные учреждения и предприятия, как свечной завод, лесхоз, работали золотошвейная мастерская, типография. Построили дачу «Сергиево» для занятий пчеловодством. Музыкальные курсы были открыты в 1927 году, это специальное учебное заведение серьезно готовило русскую эмигрантскую молодежь. Имелась общедоступная библиотека, а начало широкому библиотечному делу в Харбине положил протоиерей В. Борисоглебский, завещавший часть своих книг епархиальной библиотеке. Существовали в городе монастырская больница с амбулаторией, похоронное бюро, управление кладбищами.

Почему же и как возникла Харбинская православная епархия на полосе отчуждения КВЖД, чья территория до российской революции и Гражданской войны входила в состав

*Митрополит
Мефодий Харбинский*

Владивостокской епархии? В начале 1922 года управляющий КВЖД Б. В. Остроумов и эмигрировавший из России в Харбин архиепископ Оренбургский и Тургайский Мефодий обратились в Высшее Русское Церковное Управление Заграницей, предшествовавшее Архиерейскому Синоду Русской Православной Церкви Заграницей, об учреждении в полосе КВЖД епископской кафедры с местопребыванием епископа в Харбине. Указ ВЦУ Заграницей об этом был 16/29 марта 1922 года, а вступление архиепископа Мефодия в управление Харбинской епархией совершилось в июне того же года. Епархиальному архиерею был присвоен титул «епископ Харбинский и Цицикарский», потом измененный на «епископ Харбинский и Маньчжурский».

Вскоре после открытия Харбинской епархии учредили Епархиальный совет, председателем которого избрали протоиерея П. Рождественского, в его состав вошли священники К. Лебедев и И. Петелин, а также миряне профессор Н. К. Миролюбов и Н. Л. Гондатти как представитель Управления КВЖД. 15/28 сентября 1922 года состоялось первое епархиальное собрание, где заслушали доклад о путях дальнейшей епархиальной деятельности. Новую епархию разделили на три благочиния: градо-харбинское с благочинным отцом А. Онипкиным, восточное — с отцом В. Шапошниковым и западное — с отцом Е. Никитиным. С 1924 года харбинский епархиальный совет был переформирован из пятичленного состава в трехчленный, куда вошли протопресвитер М. Филологов, протоиерей Л. Викторов, а из мирян — Е. Н. Сумароков.

В 1924 году КВЖД перешла в совместное управление Китая и СССР, после чего от ее Управления прекратились все кредиты по содержанию церквей, духовенства, оплате законоучительного труда, квартир и другим видам довольствия, какие получали раньше священнослужители, объявленные с 1903 года в приказах по КВЖД «состоящими на службе по церковному отделу». Тем не менее архиепископ Харбинский Мефодий стойко вел свою духовную рать.

Родился владыка Мефодий в 1856 году и в 1882 году, окончил Казанскую Духовную Академию. В 1886 году архиепископ Макарий Томский постриг его в монашество, а в 1894 году отца Мефодия хиротонисали в епископа Бийского, викария Томского. В 1899 году он был переведен на Забайкальскую кафедру в Читу. В 1913 году епископа Мефодия назначили на Томскую кафедру, в 1914 — на Оренбургскую. В 1918 году он становится архиепископом, в 1929 году владыку Мефодия возводят в сан Митрополита. В 1931 году Митрополит Мефодий скончался.

Владыка Мефодий Харбинский обладал большими талантами, о чем мы можем прочитать в брошюре «Пастырь добрый», вышедшей в Харбине в марте 1940 года:

«За свои девять лет управления он посетил все уголки своей епархии, путешествуя с большими трудностями, перенося, несмотря на свой возраст, все лишения пути на лошадях, не считаясь с холодной погодой, ночуя иногда у кочевников, в юртах.

Владыка всячески поощрял инициативу во славу Божию, живо интересуясь каждым делом, давал необходимые указания, ободрял в неудачах и возгревал дух работающих в винограднике Христовом. Результаты деятельности владыки были налицо. Открылась Харбинская епархия при 18-ти храмах, а в год его кончины их было 40. Велика власть епископа, но такая власть дается не для господства, как у властей мирских, а по завету: "Кто хочет из вас первый быти, да будет всем слуга". Вот таким слугой Христовым и был почивший Митрополит Мефодий, память о котором всегда будет храниться в Русской Церкви.

В своих произведениях владыка Мефодий показал себя как вдумчивый и даровитый церковный писатель, обнаруживая здесь свою мудрость, свои глубокие богословские познания и умение отчетливо и ясно излагать свои мысли».

Преемником Митрополита Мефодия на Харбинской кафедре стал архиепископ Мелетий (Забаровский). В 1941 году в Харбинской епархии было 69 церковных учреждений: 50 храмов с приходами и 2 без приходов, 8 приписных храмов, 6 молитвенных домов и 3 монастыря. Помимо линии КВЖД в Северной Маньчжурии в состав епархии входили церкви и православные приходы: Сахалинская церковь, Успенский молитвенный дом в Кобе, приход в Тэйхо (Япония), в Бандунге на острове Ява (Нидерландская Индия), церковь «Новина» в Северной Корее.

С марта 1932 года по август 1945 года на территории Маньчжурии существовало созданное японцами Маньчжурское государство — Маньчжоу Го. В связи с этим и тем, что на Православие увеличились нападки униатов и сектантов, в 1933 году в Харбинской епархии было открыто викариатство, во главе которого встал епископ Димитрий — принявший монашеский постриг протоиерей Николай Вознесенский, отец иеромонаха Филарета — будущего третьего Первоиерарха РПЦЗ. В 1940 году возник вопрос об образовании второго викарного епископства: несколько приходов, находившихся в пределах Маньчжоу-Го и Квантунской области, все еще управлялись из Пекинской православной духовной миссии. В июле 1942 года здесь на епископском совещании признали неудобным и нецелесообразным управление приходами из другого государства и передали эти 10 приходов в ведение Митрополиту Харбинскому и Маньчжурскому Мелетию, который с возведением в сан Митрополита стал представителем РПЦЗ на Востоке Азии.

После окончания Второй мировой войны и победы в Китае коммунистической власти при помощи советской армии, религиозная жизнь во всей стране резко пошла на убыль. Развязанная позже «культурная революция» почти добила здесь еще существовавшие признаки церковного быта разных конфессий. Понятно, что русскому православному наследию в Китае, великолепно обновленному и запечатленному храмами «белогвардейцев», доставалось за минувшие десятилетия в первую очередь.

Поэтому в нынешнем Шанхае в великолепном здании нашего бывшего кафедрального собора в честь иконы Божией Матери «Споручница грешных», с рассказа о котором мы начали эту главу, находится ресторан. В бескрайнем со-

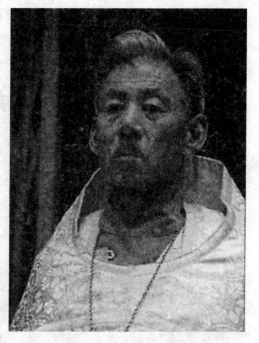

Настоятель Покровского храма иерей Григорий Джу (1922–2000), служивший в православных храмах Харбина в разгар «культурной революции» коммунистов, отбыл 12 лет на каторге китайского ГУЛАГа

временном Китае сегодня есть лишь два православных прихода. Один действует в «русской дальневосточной Мекке» — в Харбине — в Покровском храме, возведенном в 1922 году и величественно перестроенном русскими беженцами в 1930 году, рассказом о котором мы закончили главу. Второй находится в городе Урумчи Северо-Западного Китая, у северного подножия Тянь-Шаня на реке Урумчи. Храм этого прихода, построенный в 1986 году, освящен в честь самого любимого «русского святого» — Святителя Николая, Мир Ликийских Чудотворца.

Храм-Памятник
Царю Мученику Николаю Второму
и всем русским людям, богоборческой властью
в смуте убиенным, воздвигнутый во имя Святого
и Праведного Иова Многострадального
в Брюсселе

НОВЫЙ НИКОЛАЙ-ГРАД

По символической связи с русским храмом в итальянском Бар-граде, посвященным нашему «основному» святому — Святителю Николаю Чудотворцу, архиепископу Мир Ликийских, как бы Николай-граду, — вполне можно назвать Новым Николай-градом созданный нашими соотечественниками в столице Бельгии городе Брюсселе **храм в память Царя Мученика Николая Второго и всех русских людей, богоборческой властью в смуте убиенных, воздвигнутый во имя Святого и Праведного Иова Многострадального**, в день празднования которого 6 мая (старого стиля) родился Царь-Мученик Николай Александрович. Как последний Русский Государь стал мучеником? Он сам и Августейшая семья, так же свято прославленная впервые РПЦЗ в 1981 году, смиренно, по-православному пошли на это.

За несколько дней до расстрела Царской семьи в Екатеринбурге, в бывшем доме инженера Ипатьева, где она находилась под арестом, батюшка и диакон совершали богослужение. Потом служивший протоиерей Иоанн Сторожев рассказал:

— По чину обедницы положено в определенном месте прочесть молитву «Со святыми упокой». Почему-то на этот раз диакон вместо прочтения запел эту молитву. Стал петь и я, несколько смущенный таким отступлением от устава. Но едва мы запели, как я услышал, что стоявшие позади меня члены семьи Романовых опустились на колени...

Вечером ночи на 17 июля 1918 года сын уголовника Хаима Юровского, бывший фотограф, теперь комиссар Яков Юровский сказал одному из караульных чекистов Ипатьевского дома:

— Сегодня будем расстреливать всё семейство.

Около полуночи комиссар начал будить Государя Николая Александровича, Государыню Александру Федоровну, Царевен Ольгу, Татьяну, Марию, Анастасию, Цесаревича Алексея. Юровский сказал, что их собираются перевезти на новое место заключения. Арестованные оделись и пошли за ним: Государь с заболевшим Алексеем на руках, Государыня с дочерьми, потом — доктор Боткин и прислуга, повар Харитонов, лакей Трупп, комнатная девушка Демидова.

Спустились по лестнице во двор и вошли в нижний этаж, где комиссар завел всех в пустую низкую комнату с единственным зарешеченным окошком. Узники поверили, что их увозят: взяли с собой подушки и головные уборы, Великая княжна Анастасия держала на руках свою маленькую собачку Джемми. Государь попросил стулья для Цесаревича и супруги.

Юровский приказал подручным принести три стула. Александра Федоровна села у окна, Государь — посередине комнаты и пристроил на стул рядом Цесаревича Алексея. Доктор Боткин находился между Царем и Царицей, трое Великих княжон — справа от матери. Рядом с ними, прислонившись к выступу стены, стояли Харитонов и Трупп. Слева от Государыни была четвертая дочь и Демидова, облокотившиеся на стену около окошка.

Вскоре в комнату вошли одиннадцать чекистов вместе с Юровским и развернулись перед арестантами в шеренгу. Комиссар сказал Государю:

— Ваши родные хотели вас спасти, но это им не удалось. Мы вас убьем.

— Что, что? — спросил Государь.

По ним ударили выстрелы из наганов... Царя, Царицу, их троих дочерей, доктора Боткина и лакея Труппа убили сразу. Алексей стонал на полу, и Юровский, прицелившись, застрелил мальчика. Самая младшая Царевна Анастасия тоже была жива, все еще прижимая к себе Джемми. Девочка кричала, пока ее не добили штыками. Так же разделались с Харитоновым и Демидовой. Их гвоздили с таким ожесточением, что следы штыков остались на полу и стенах.

*Царь-Мученик Государь Император
Николай Александрович, Государыня Императрица
Александра Федоровна и их дети: Наследник Цесаревич,
Великий князь Алексей Николаевич, Великие княжны —
Ольга Николаевна (между Цесаревичем и Императрицей),
Татьяна Николаевна, Мария Николаевна,
Анастасия Николаевна. 1913 год*

Утром чекисты привезли убитых в урочище «Четырех братьев» Коптяковского леса под Екатеринбургом. Там на глиняной площадке у разверстого зева заброшенной шахты стали раздевать мертвых. Из их одежды посыпались драгоценные камни, жемчуга, спрятанные узниками на черный день. Чекисты спешно их собирали, в горячке затаптывая некоторые в глину, выгребали, срывали с тел оставшиеся ценности, рубя из-за колец пальцы. Трупы стали уничтожать серной кислотой, сжигать в кострах при помощи бензина.

Когда Белая армия адмирала А. В. Колчака пришла в Екатеринбург, на месте этого преступления нашли несколько иконок; обгорелые части дамских корсетов; крест, усыпанный бриллиантами, изумрудами и жемчугом; драгоценные камни; отрубленный палец; поломанное пенсне и искусственную челюсть доктора Боткина... На дне шахты валялись и останки собачки младшей дочки Царя.

В расстрельной комнате Ипатьевского дома на стенах белые следователи обнаружили сделанные после убийства Царской семьи разные надписи и некоторые таинственные знаки. Профессор Павел Пагануцци в своей книге «Правда об убийстве Царской Семьи», изданной в Свято-Троицком монастыре в Джорданвилле, приводит расшифровку этих знаков:

«ЗДЕСЬ, ПО ПРИКАЗАНИЮ ТАЙНЫХ СИЛ, ЦАРЬ БЫЛ ПРИНЕСЕН В ЖЕРТВУ ДЛЯ РАЗРУШЕНИЯ ГОСУДАРСТВА. О СЕМ ИЗВЕЩАЮТСЯ ВСЕ НАРОДЫ».

Одним из инициаторов сооружения Храма-Памятника нашему Царю-Мученику во имя Святого и Праведного Иова Многострадального в Брюсселе явился Николай Михайлович Котляревский (1890–1966). Он был потомственным дворянином Полтавской губернии, статским советником, с 1919 года находился в Белой армии, а с 1920 года стал личным секретарем Главнокомандующего Русской Армией генерала барона П. Н. Врангеля вплоть до его кончины в Брюсселе 25 апреля 1928 года.

Предок Николая Михайловича И. П. Котляревский, сочинитель «Энеиды» и «Наталки Полтавки», почитается основателем малороссийской художественной словесности. Из этого рода знаменит и герой кавказских войн, генерал от инфантерии и кавалер трех степеней ордена святого Георгия П. С. Котляревский. Дочь Николая Михайловича от его брака с графиней В. В. Мусин-Пушкиной — урожденная Мария Николаевна Котляревская — в браке с графом Владимиром Петровичем Апраксиным (1915–1993) графиня Мария Николаевна Апраксина, живущая ныне в Брюсселе и продолжающая отцовские дела по Храму-Памятнику, и предоставила нам материалы по его созданию.

Так вот, Н. М. Котляревский в августе 1929 года испросил благословение на сооружение храма в память Царя-Мученика Николая Второго, создание комитета по этому вопросу у Первоиерарха РПЦЗ Митрополита Антония (Храповицкого).

28 сентября/11 октября 1929 года вышло определение Архиерейского Синода:

Николай Михайлович Котляревский. Брюссель, 1925 год

«1. Преподать Комитету благословение на сооружение Соборного Храма в Брюсселе во имя Святого и Праведного Иова Многострадального, в память Царя Мученика Николая II и всех русских людей, богоборческой властью убиенных, и выразить инициаторам сего святого дела благодарность за верность о Церкви Божией.

2. Просить Преосвященных русских заграничных епархий, начальников Духовных миссий, Настоятелей русских Православных заграничных Церквей, непосредственно Архиерейскому Синоду подчиненных, произвести в подведомых им Церквах кружечные сборы на постройку Храма-Памятника в Брюсселе, разъяснив пастве важность и значение сего святого дела».

Председателем образованного Комитета по сооружению Храма-Памятника стал митрофорный протоиерей Василий

Виноградов, товарищем председателя — Н. М. Котляревский, а также: секретарь Комитета князь П. Б. Щербатов, казначей А. В. Гладков, счетовод А. Н. Чебышев, члены Комитета — граф П. Н. Апраксин, генерал А. П. Архангельский, барон В. И. Велио, О. Э. Геринг, Э. Э. Геринг, М. А. Гладкова, В. Е. Погорельский, И. И. Сахновский, Н. Г. Солдатенкова, Н. М. Стрижевский, О. А. Струкова, Э. Н. Фричеро, князь М. А. Черкасский, М. М. фон Реинке.

В декабре 1929 года Комитет обратился к Августейшей сестре Царя-Мученика Николая II Ее Императорскому Высочеству Великой княгине Ксении Александровне со всепреданнейшим ходатайством принять Комитет под свое Высокое покровительство. Ее Императорское Высочество Великая княгиня Ксения Александровна соизволила милостиво принять Комитет под свое Августейшее покровительство и соблаговолила 28 декабря на обращение Комитета собственноручно начертать: «Согласна и глубоко сочувствую. Ксения».

Определение, подобное вышедшему в РПЦЗ, вынес в феврале 1930 года и Архиерейский Синод Сербской Православной Церкви. Почетными председателями Комитета с тех пор были: Святейший Патриарх Сербский Димитрий, Святейший Патриарх Сербский Варнава, а по кончине его — Ее Императорское Высочество Великая княгиня Елена Владимировна. Почетными членами Комитета являлись: Блаженнейший Митрополит Антоний, Митрополит Анастасий, архиепископ Серафим Западно-Европейский, старейшие иерархи РПЦЗ на Дальнем Востоке Митрополит Пекинский Иннокентий, Митрополит Харбинский и Маньчжурский Мефодий, вдова премьер-министра Королевства сербов, хорватов и словенцев Н. Пашича госпожа Джурджина Пашич, правительственный уполномоченный по устройству русских беженцев в Королевстве Югославии С. Н. Палеолог, возглавивший отдел Комитета в Югославии.

В июне 1930 года генерал М. К. Дитерихс, по поручению адмирала А. В. Колчака возглавивший расследование по убиению Царя-Мученика и Августейшей семьи, которому подчинялся следователь Н. А. Соколов, писал Комитету:

«Сооружение Храма-Памятника было всегда моей мечтой. Бог ведает, придется ли нам сооружать таковой на своей родной территории, а поэтому для потомства мы обязаны это сделать на чужбине. Только стоя перед остатками этого ужасного костра-пепелища, в глухом углу Коптяковского леса, почувствовал я в полной мере весь тот страшный, кошмарный, непрощаемый грех нас всех, который мы совершили в 1917 году. И не только перед этими безвинными Августейшими Мучениками, но перед всей Великой прошлой историей России».

В марте 1931 года вышло Архипастырское послание за подписями Председателя Собора Архиереев и Архиерейского Синода Митрополита Антония и Членов Священного Собора:

«КО ВСЕМ ПРАВОСЛАВНЫМ РУССКИМ ЛЮДЯМ В ЗАРУБЕЖЬЕ

Тринадцать лет антихристова безбожная власть ведет жестокую брань с Церковью Христовой на Святой Руси.

Потоками крови залита наша Родина. Засевшие в Русской Святыне — Кремле разбойники гонят веру Христову.

Но чем сильнее гонение, тем больше стойкости в вере и подлинного мученичества являют собою верные сыны Церкви. Паче солнца просияла Церковь Христова в России бесчисленным сонмом священномучеников. Тут и благочестивейший из Царей ИМПЕРАТОР НИКОЛАЙ II со Своей Семьей и Великие Князья, и Митрополиты, и Епископы, иноки, иереи, воины, миряне всякого звания, — знатные и простецы, рабочие и крестьяне. Многие из них лишены были христианского погребения, часто неизвестно даже, где покоятся их останки, иногда совершенно уничтоженные.

Священный христианский долг обязывает нас молиться и неизменно памятовать о них, героях духа, в их подвигах почерпая силы для борьбы с врагами Церкви Христовой.

Святые Царственные Мученики

Пройдут годы, придет нам на смену новое поколение, которое не было свидетелем современных нам ужасных событий, и всесокрушающее время сгладит память о них. И падут на нас укоры потомков, если мы не увековечим память современных нам мучеников и не выразим своего благоговейного отношения к ним.

Группе русских людей, живущих в благородной Бельгии, не признающей богоборческой власти, Господь положил на сердце благую мысль — соорудить Храм в память **Царя Мученика Николая II и всех богоборческой властью в смуте убиенных**.

В этом Храме будут иконы Святых, чьи имена носили ЦАРСТВЕННЫЕ МУЧЕНИКИ, на стенах его будут доски с именами убиенных; в этом Храме будут совершаться ежедневно заупокойные Богослужения, за которыми будут вычитываться синодики, куда всякий может внести имена близких ему лиц, павших от безбожной власти.

Святое и богоугодное дело. Молим Господа Бога да благопоспешит Он ему Всемощной своей силой.

Благословляя это святое начинание, зовем всех русских православных людей придти на помощь этому благочестивому и патриотическому делу, каждый по своему достатку.

Поможем храмостроительству, это наш долг благодарной памяти перед умученными и наша священная обязанность перед будущими поколениями».

Во многих странах были назначены представители Комитета и образованы его отделы, повсеместно собирали пожертвования. Немало способствовал этому редактор-издатель «Царского Вестника» Николай Павлович Рклицкий, позже ставший архиепископом Никоном Вашингтонским и Флоридским. В октябре 1932 года скончался председатель Комитета отец Василий Виноградов, на этот пост был избран из товарища председателя Н. М. Котляревский. Умер в апреле 1933 года и один из ярчайших энтузиастов строительства Храма-Памятника, председатель югославского отдела Комитета С. Н. Палеолог, за два года сумевший собрать на святое дело по миру более 100 тысяч динар.

*Архиепископ Никон
Вашингтонский
и Флоридский*

С начала 1931 года Комитет работал над составлением проекта Храма-Памятника. Государь Император Николай Второй глубоко ценил древнее русское церковное зодчество, поэтому в августе того года создали Художественно-техническую комиссию из знатоков русского искусства. В нее вошли академик живописи, знаменитый художник И. Я. Билибин, архитектор-художник Н. И. Исцеленов, академик архитектуры Н. П. Краснов, известный писатель по вопросам русского искусства П. П. Муратов, профессор истории искусств православных славян и Византии Университета Императора Карла IV в Праге Н. Л. Окунев.

Профессор Окунев привлек к работе высокоодаренного архитектора Н. П. Пашковского, который проанализировал стили шестидесяти древнерусских храмов, чтобы помочь выбору Комиссии. Для будущего Храма-Памятника профессор

Храм Спаса Преображения в селе Остров под Москвой

Окунев выдвинул идею взять за образец придел храма Спаса Преображения, построенного в начале XVI века в селе Остров под Московой. В декабре 1932 года это предложение было одобрено Комиссией. В январе 1934 года Комитет по сооружению Храма-Памятника утвердил решение Художественно-технической комиссии и принял выдвинутый для этого проект Н. И. Исцеленова.

Свою точку зрения архитектор Исцеленов аргументировал такими соображениями:

«С того времени как русский народ вступил на путь христианства при Крещении Руси в 988 году, он вместе с Евангелием получил наставление об иконописи и храмоздательстве. Канон иконописи в это время в Византии имел свою формулировку в постановлениях VII Вселенского Собора, — которым кончилось иконоборчество, — предписывающую неизменность иконного изображения на все времена и вместе с этим и тип храма, который, хотя и не был письменно установлен, как незыблемый, но был принят как таковой в России.

Тип храма в это время обычный в Византийской Империи и в областях под ее влиянием был с так называемым "планом греческим крестом", правильнее было бы сказать: "с греческим планом — крестом".

Это план "центрального типа", то есть в схеме прямоугольник, близкий к квадрату, внутри которого на четырех столбах поднимается купол — небо с изображением Господа Вседержителя. Между столбами и от них на стены перекинуто 12 арок, поддерживающих своды, а в больших храмах еще четыре купола по углам. Из этих глав шел свет внутрь сверху.

Наружный облик такого храма не имел специально подчеркнутого фасада с западной стороны (стороны входа в храм) и его наружный вид со всех сторон был одинаков, увенчанный одной главой (куполом) или группой глав, окружающих среднюю главу как общий центр.

Храмы другого типа: базилики, — существовавшие тоже с первых времен христианства, привились на Западе. Постройки византийско-итальянские, романские, готические, Возрождения и Барокко чаще всего следуют этому типу. Тип базилики представляет собой длинный зал (неф), кончающийся аркой Алтаря. Этот тип различен по своему наружному виду — с торцовых сторон и сбоку; он требует и отдельный фасад со стороны входа.

Россия с принятием христианства последовала храму центрального типа. Храмы типа базилики совсем не проникли в Россию до конца XVII века, пока не наступило время Петра, повернувшего Россию лицом к Западу...

В царствование Императора Николая Второго в Петербурге и под его эгидой во всей России происходит возвращение к древнему русскому зодчеству (как и к почитанию и пониманию древних икон). Так Санкт-Петербург — вторая столица Русского государства, превратя Россию в могучую европейскую державу, кончил два века своего классического величия молитвой именно Православной Руси, со своим Царем припавшей к святым иконам в древних традиционных русских храмах, предчувствуя новое страшное испытание, которое скоро и разразилось над русской православной землей, — не первый раз».

Были люди, считавшие, что Храм-Памятник должен быть воздвигнут не за границей, а в «освобожденной от сатанинской власти» России. В 1935 году в одном из номеров Вестника Комитета по сооружению Храма-Памятника им возражал граф П. Н. Апраксин:

«Уходят один за другим люди, в личной жизни и сознании которых замученный Царь был олицетворением Великой и Большой Руси: они служили Ему часто бескорыстно и беззаветно преданно, бывали и виновны перед Ним — иногда лишь в помышлениях, но иногда и в действиях. Уходят те, которые лично знали Царицу Страдалицу и преклонялись перед Ея нравственным обликом: лично знали прекрасных, как день Божий и как жертвенные агнцы, непорочных Царских детей. Уходят те, которым жертвы большевиков-злодеев приходились отцами, матерями, братьями, сестрами, детьми, ближайшими друзьями. Уходит поколение, для которого большевицкие зверства не давний отвратительный эпизод в истории, над которым и задумываться неприятно, а личное мучительное переживание, связанное с поруганием всех Святынь, потерей Родины, искалеченной личной жизнью и гибелью самых близких и дорогих...»

Царь-Мученик Николай Второй
и граф Петр Николаевич Апраксин — Таврический губернатор,
отец Владимира Петровича Апраксина. Ялта, 1910 год

К этим словам, написанным около семидесяти лет назад, безусловно утверждавших необходимость создания Храма-Памятника на свободной земле Зарубежья для тех, «кто уходит», сегодня, в 2002 году по Рождеству Христову, стоит добавить и величайший пророческий смысл, который граф Апраксин, возможно, и не вкладывал в сказанное, но он зловеще проявился. Так вот, в конце 1990-х годов уже в «освобожденной» России два первых скульптурных памятника Государю Николаю Второму под Москвой взорвали, стоило их воздвигнуть. Все еще невыносим Царь-Мученик на его нераскаянной родине местному населению, подменившему народ Святой Руси, хотя Государя с семьей в 2000 году и здесь церковно прославили.

2 февраля 1936 года состоялось торжество закладки Храма-Памятника в Брюсселе, где присутствовал Его Высочество Великий князь Гавриил Константинович. После окончания

Закладка Храма-Памятника в Брюсселе,
в центре – Его Высочество Великий князь
Гавриил Константинович

литургии в русском православном храме в честь Воскресения Христова Чудотворную Икону Божией Матери Курской-Коренной перенесли на место постройки Храма-Памятника. Здесь заложили камень с храмозданной грамотой на пергаменте, запаенной в металлической трубке.

Храм-Памятник в Брюсселе строился в течение следующих четырнадцати лет за вычетом лет Второй мировой войны. Одновременно с сооружением каменного храма создавался и другой памятник церковного и исторического значения. Составлялся Синодик с именами жертв богоборческой власти. В него вносились не только имена, но, по желанию сообщивших, и фамилия, дата рождения погибшего, время, место и обстоятельства гибели. В таком поименном поминовении замученных русских людей всех классов и состояний соединились пред Престолом Всевышнего их имена так же неразрывно, как лилась их кровь в общерусской реке крови. Сей Синодик распределялся по памятным каменным доскам, которые надлежало установить в выстроенном Храме-Памятнике. В марте 1945 года из-за пребывания Н. М. Котляревского в Германии председателем Комитета по сооружению Храма-Памятника избрали графа П. Н. Апраксина.

За время постройки храма Комитетом было издано три «Вестника» с подробными отчетами о текущей деятельности, списками пожертвований. Выпускались и отдельные листовки, освещавшие ход стройки, в широкой печати постоянно печатались воззвания Комитета. Издали брошюру графа Д. С. Шереметева «Из воспоминаний о Государе Императоре Николае II», сердечно и красочно описывавшую эпизоды царских путешествий. Также под эгидой Комитета вышел альбом «Царская Семья» с отлично выполненными портретами Царственных Мучеников. Была опубликована книга И. П. Якобия «Император Николай II и революция». Издавались открытки с проектом будущего Храма-Памятника, обеспечившие чистую прибыль на его воздвижение.

1 октября 1950 года в Брюсселе под руководством Митрополита Анастасия состоялось освящение храма в память Царя-Мученика Императора Николая II, возведенного во имя Святого и Праведного Иова Многострадального. Здесь присутствовал Его Высочество Великий князь Гавриил Константинович.

Участок земли, где построили Храм-Памятник, находится в живописнейшей части Брюсселя у парка на углу широкого тенистого бульвара с большими каштанами по авеню дю Мануар. Здесь 800 квадратных метров, а храм простирается на 12 метров ширины, 14 м длины, его высота с куполом — 24 м, здание вмещает до четырехсот молящихся. Церковь побелена и ярко выделяется на фоне парковых деревьев, медный купол с поддерживающими его тремя рядами кокошников покрашен в зеленый цвет, увенчан позолоченным крестом. Хоры расположены над входом как первый этаж. В пяти метрах от храма — церковный дом с шатровой колокольней. Этот кусочек «памяти России», огражденный

Проповедь Митрополита Анастасия
на освящении Храма-Памятника

фигурной решеткой с каменными столбиками, по-русски зеленеет березами и елками.

Много души и сил вложили в Храм-Памятник наши соотечественники. Например, член Комитета по его сооружению Н. Г. Солдатенкова пятнадцать лет вышивала плащаницу для храма. В последние годы перед кончиной она из-за слабого зрения не могла работать больше двух часов в день, а все же успела закончить это изумительное свидетельство русского женского благочестия и плащаницу пожертвовать. Исключительную жертвенность проявил почетный член Комитета Э. Н. Фричеро, сразу внесший 10 тысяч франков на святое дело. Инженер-строитель, руководитель крупной строительной фирмы, этот горячий русский патриот, не жалея трудов и времени, возглавлял строительство Храма-Памятника.

Комитет установил подготовленные по Синодику памятные доски на внутренних стенах храма с именами убитых в борьбе с большевиками, умученных ими и погибших во время коммунистического владычества от эпидемий и голода. Эта старорусская традиция воплощена и в храме Спаса на Водах в Петербурге, где памятные доски заменили намогильные плиты погибшим в морской пучине в русско-японскую войну при сражении у Цусимы: близкие павших героев могли приезжать туда помолиться как на дорогую могилу. А сколько же у русских людей из-за оголтелых безбожников зарыто близких замученными, без молитвы, даже не в могилах, а в ямах!

Среди мемориальных каменных досок выделяются четыре самых больших: с именами убиенного Царя-Мученика и членов Царской Семьи; с именами замученных членов Императорской фамилии; третья посвящена погибшим архипастырям, духовенству, монашеству; четвертая — всем русским людям, принявшим мученическую кончину от богоборческой большевицкой власти. В алтаре помещены доски с именами 122 убитых и умученных архиереев Русской Православной Церкви. По всему храму на полках стоят особые иконы одинакового размера и темного цвета — пожертвованы в память умерщвленных красными сатанистами.

Иконостас здесь трехъярусный, его иконы написаны княжной Львовой, Н. И. Исцеленовым и другими мастерами под его наблюдением. С правой стороны в храме находится киот с изображением небесных покровителей Царской семьи и другие иконы в древнерусском стиле, с левой — киот с иконой Всех Святых в Земле Российской просиявших — работы архимандрита-иконописца Киприана (Пыжова) из монастыря в Джорданвилле. На правой створке тут изображения святого праведного Иоанна Кронштадтского, святой блаженной Ксении Петербургской, Святых Новомучеников и Исповедников Российских и Святых Старцев Оптинских.

По указанию Митрополита Антония архитектором-художником Н. И. Исцеленовым был исполнен над алтарем на своде образ Божией Матери «Нерушимая Стена». Хранятся в церкви переданные Великой княгиней Ксенией Александровной вещественные воспоминания о Царской Семье: Библия, подаренная Императрицей Наследнику Цесаревичу;

Мемориальная доска Царственных Мучеников

Мемориальная доска клириков

*Посещение Храма-Памятника
в 1958 году Царем Болгарским Симеоном*

крест с найденными в екатеринбургской шахте нательными иконками и крестиками; икона святого Иоанна Крестителя, находившаяся с Царской семьей в Ипатьевском доме; погон Государя и его полушубок-шинель.

В Храм-Памятник переданы на хранение штандарт 2-го Лейб-Гусарского Павлоградского Императора Александра III полка и штандарт 17-го Драгунского Нижегородского Его Величества полка, которые герметически застеклены в рамах. По проекту Н. И. Исцеленова в храме сооружено стильное большое паникадило.

После освящения церкви при ней образовали Кружок Ревнительниц имени Святых Марфы и Марии при Храме-Памятнике. Его председательницей избрали вдову первого председателя Комитета по сооружению Храма-Памятника митрофорного протоиерея Василия Виноградова А. И. Виноградову. С созданием прихода храма в 1964 году Кружок переименовали в Сестричество. Сестры много сделали для

*Святитель Иоанн совершает Божественную литургию
в Храме-Памятнике. У царских врат владыке Иоанну
прислуживают Михаил и Владимир Котляревские*

благолепия церкви, постоянно пополняли ризницу новыми облачениями и соткали ковер на весь храм.

Храм памяти Царя-Мученика Государя Николая Александровича ставропигиальный, он непосредственно подчинен Синоду РПЦЗ. Первым настоятелем Храма-Памятника в 1952 году назначили святителя Иоанна Шанхайского, который руководил здесь всеми службами. Святитель установил в храме ежедневные богослужения, что строго соблюдалось во время его настоятельства. С 1953 года при храме состоял игумен Модест (Шут), много жертвовавший для него, соорудивший на собственные средства паркетный пол в алтаре, приобретший большое количество облачений.

В феврале 1964 года, в связи с переводом святителя Иоанна на кафедру в Сан-Франциско, настоятелем Храма-Памятника был назначен архиепископ Антоний (Барташевич). В январе его заместителем стал протоиерей Иоанн Малиженовский, скончавшийся в июле 1971 года. С 1971 года настоятелем был протоиерей Димитрий Хвостов, который в течение семнадцати лет вплоть до своей кончины в сентябре 1987 года полностью посвящал себя храму. В феврале 1988 года настоятелем Храма-Памятника стал иерей Николай Семенов. С января 2001 года настоятелем является епископ Амвросий (Кантакузен), который назначил в Храм-Памятник иерея Евгения Сапронова.

Мозаику, украшающую вход в Храм-Памятник, освященную в 1968 году, выполнил барон Мейендорф. Она изображает икону Феодоровской Божией Матери, которую чтила Царская семья. В Царском Селе был сооружен храм в честь Феодоровской Божией Матери, это имя иконы связано с избранием на царство Государя Михаила Федоровича в 1613 году.

В 1971 году на колокольне при Храме-Памятнике установили семь колоколов, а в 1972 году их освятили. Отливали колокола в городе Лувен в мастерской «Сергеис», основанной в 1503 году в городе Малин. От литейщиков-умельцев Малина и пошло русское выражение о высшем «классе» звучания колоколов — «малиновый звон». Такое исполнение обеспечил старый звонарь родом из Ярославля Соколов. Он продемонстрировал 9 разных звонов, которые зарегистрировали и могут воспроизводить по мере надобности. Самый большой колокол в 1075 килограммов назвали «Царевич», следующий по весу в 700 килограммов — «Пересветом», они по тяжести и диаметру являются «двойняшками» таких же в Ростове Великом. В 1975 году была построена трапезная, соединившая храм с церковным домом. В 1993 году для настоятеля приобрели дом по соседству с Храмом-Памятником.

После прославления Русской Православной Церковью Заграницей в 1981 году Святых Новомучеников и Исповедников Российских Храм Святого и Праведного Иова Многострадального в память Царя-Мученика Николая Второго и всех русских людей, богоборческой властью в смуте убиенных, приобрел новое значение. Из монумента жертвам он сделался лампадой Русского Зарубежья святым мученикам Русской Церкви.

Завершая эту книгу, интересно вспомнить историю, рассказанную епископом Порфирием (Успенским) в его путевых записках 1854 года:

«В Анконе (порт в Италии на Адриатическом море. — *В. Ч.-Г.*) есть греческая церковь. Она помещается в доме. Я видел ее. Мала и бедна. Староста ее, грек соленый, познакомил меня с судьбой ее. По заверению его, православные греки поселились в Анконе после взятия Константинополя турками в 1453 году и создали себе церковь во имя Святой Праведной Анны. В 1500 году один из прихожан этой церкви, богатый грек, построил больницу для родичей, и на содержание ее да на выдачу семи бедных девиц в замужество завещал большую сумму денег. Эту больницу и церковь афонские греки удерживали за собой до первого восстания эллинов. Когда же они приняли унию, тогда латины отняли у православных оба эти здания и отдали их сим униатам. А православные в 1823 году, по совету некоего Бенедетти или Бенвенутти, известного нашему Императорскому двору, обратились с просьбой к Римскому папе об устройстве новой церквицы в нашем доме и получили от него позволение на это.

Таким образом возникла нынешняя церковь, освященная во имя Святого Спиридона. Теперь в ней священнодействует архимандрит Спиридон, родом закинфянин. Весь приход его составляют 25 греков. Наша Великая княгиня Мария Николаевна, в бытность свою в Анконе, сжалилась над бедностью церкви, о которой идет речь,

Преосвященный Порфирий (Успенский), епископ Чигиринский (1804 — 1885)

и выпросила у державного родителя своего (Императора Николая I Павловича, царствовавшего с 1825 по 1855 год. — *В. Ч.-Г.*) 450 талеров на ежегодное содержание ее. Когда в начале июня месяца 1849 года австрийцы бомбардировали Анкону, тогда одна бомба их упала в эту церковь, разорвалась и повредила всё, кроме портрета Государя Николая Павловича».

Вот как бывало: русская Великая княгиня «сжалилась» и содержала на деньги ее Царя-батюшки зарубежный храм для греков, за что образ этого Императора даже вражья бомба не взяла. Давно минули те времена, когда щедрость русской знати, вообще русских православных людей на святое дело была типичной и всемирно известной. И все же с неменьшим жаром, энтузиазмом жертвовали уже беженцами

*Храм в честь Успения
Пресвятой Богородицы
в Лондоне*

со своей богатейшей Родины русские на Храм-Памятник в Брюсселе. По всему миру Комитет по его сооружению разослал для пожертвований отпечатанные бланки с изображением «кирпичика». Из таких «кирпичиков», монет «кружечных сборов» и воздвигся к 31 декабря 1950 года 1 миллион 238 тысяч 315 бельгийских франков на общерусскую святыню Храм-Памятник нашему последнему Царю.

Изменились ли люди русские на чужбине в Третьем тысячелетии по Рождеству Христову? Судите сами по последним публикациям о самом недавнем заморском храме. В апреле 1998 года глава Германской епархии РПЦЗ архиепископ Марк (Арндт) на вопрос корреспондента газеты «Русская мысль»: «Расскажите, пожалуйста, о строительстве православного храма в Лондоне», — отвечал:

«Несколько лет назад англикане, у которых мы арендовали помещение, выбросили нас из храма, в котором мы молились 21 год. Мы искали отчаянно и нашли участок земли, чтобы построить там храм. Когда купили этот участок с домом, пришлось вложить много денег, чтобы привести в соответствующее состояние дом, в котором можно было бы молиться и одновременно жить священнику. Начали сбор средств на строительство церкви.

Это будет собор в традиционном псковском стиле, с одним куполом, колокольней и шестью колоколами. Собор сможет вместить до 400 молящихся. Помещение нынешней временной церкви будет переоборудовано в библиотеку, школу иконописи и другие помещения.

Деньги собирались в течение многих лет. Для нас это очень трудная задача, потому что наших верующих не так много в Англии и они не из самых богатых. Поэтому мы благодарны всем, кто жертвует на истинно благое дело — постройку храма...

Например, российский предприниматель Павел Лисицын оплатил первый счет строительной компании на сумму в 50 тысяч фунтов. Валентина Уорд пожертвовала 30 тысяч фунтов, граф Андрей Толстой-Милославский — 10 тысяч».

Год спустя храм был уже построен. О первом богослужении в нем сообщил «Вестник Германской епархии» в № 3 за 1999 год:

«В канун Лазаревой субботы сего года в **соборе Успения Пресвятой Богородицы** в Лондоне было проведено первое богослужение. В современный период ни один храм Великобритании не был воздвигнут в такие короткие сроки. Храм, находящийся в районе Чизвик, построен в строгом псковском стиле. Строительство велось исключительно на пожертвования от русской диаспоры, организаций и частных лиц, в том числе из России.

Богослужение в верхнем храме на Пасху собрало, по скромным подсчетам, более 500 человек. Несмотря на то, что верхнюю церковь еще предстоит отделывать, все праздничные богослужения предполагается совершать в ней. Службы и требы будут совершаться в нижнем храме, освящение коего предполагается во имя Святых Царственных Мучеников, а малый придел с крестильней — в память Всех Святых. Все верные испытывали неописуемую радость и духовный подъем ввиду огромного успеха при строительстве первого в Англии русского православного храма в русском стиле».

Златоглаво и незримо стоял и стоит, парил и парит на Земле и старый, и новый русский православный Николай-град.

Библиография

Амвросий (Погодин), архимандрит. Святой Марк Эфесский и Флорентийская уния. Джорданвилл: Holy Trinity Monastery, Jordanville, N. Y., 1963. Репринтное издание: М.: Издательско-полиграфическая фирма «Сирин»; Издательство «Посад», 1994. — 434 с.

Бентелер Наташа. «Мы строим православный храм для русских...» Интервью с архиепископом Марком, главой Германской епархии Русской Зарубежной Церкви // Русская мысль (Париж). 16–22 апреля 1998. № 4218. С. 21.

Бортневский В. Г. Загадка смерти генерала Врангеля: неизвестные материалы по истории русской эмиграции 1920-х годов. СПб.: Издательство Санкт-Петербургского университета, 1996. — 168 с.

Бэс Жан. Архитектор и художник первой волны эмиграции М. Ф. Козмин (1901–1999) // Русская мысль (Париж). 23–29 сентября 1999. № 4285. С. 19.

Варсонофий, игумен. Иконы и Фрески Отца Григор[и]я. Maury-Imprimeur S. A., 1999. — 144 с.

Вениамин, монах. Архиепископ Иоанн (Максимович) как охранитель церковного имущества в Шанхае // Православная Русь (Джорданвилл). 1/14 декабря 1999. № 23 (1644). С. 5–7.

Григорий Круг, инок. Мысли об иконе. Париж: Ymca-Press, 1978. — 150 с.

Державные защитники и покровители Святой Земли и августейшие паломники у живоносного Гроба // Православная жизнь (Джорданвилл). Январь 2000. № 1 (600). С. 1–10.

Дзюба Петр. О строительстве и росписи часовни Преп. Иоанна Рыльского и Св. прав. Иоанна Кронштадтского // Православная Русь (Джорданвилл). 1/14 января 1999. № 1 (1622). С. 6–8.

Дионисий (Валединский), архимандрит. Спутник русского православного богомольца в Риме. Описание римских священных мест и находящихся в них вселенских святынь. Издание второе, исправленное и дополненное под редакцией М. Г. Талалая. Рим: Издание православной русской церкви в Риме, 1999. — 136 с.

Евлогий (Георгиевский), Митрополит. Путь моей жизни. Воспоминания Митрополита Евлогия (Георгиевского), изложенные по его рассказам Т. Манухиной. М.: Издательство «Московский рабочий»; Издательский отдел Всецерковного Православного Молодежного Движения, 1994. — 624 с.

Елизавета, игумения, с сестрами. Радостная весть из Гефсимании // Православная Русь (Джорданвилл). 1/14 декабря 1999. № 23 (1644). С. 1–2.

Забелин С. Н. Русские церкви в Европе. Путевые заметки // Наше наследие. 1997. № 41. С. 98–112.

Забелин С. Н. Русские церкви в Европе // Россійскій Архивъ. Выпуск IX. М.: Студия «Тритэ» Никиты Михалкова, «Российский Архив», 1999. С. 589–600.

Зайцев Б. К. Избранное. М.: Издательство Сретенского монастыря, 1998. — 320 с.

Жевахов Н. Д., князь, товарищ обер-прокурора Св. Синода. Воспоминания. Том 1. Сентябрь 1915 — март 1917. М.: Издательский отдел Спасо-Преображенского Валаамского Ставропигиального монастыря; Издательство «Родник», 1993. — 346 с.

Иоанна, инокиния. † Архимандрит Нектарий (Чернобыль) // Православная Русь (Джорданвилл). 1/14 октября 2000. № 19 (1664). С. 6–9.

Калганова Галина. Сокровища русской церкви в Бари // Православная беседа. 1992. № 4–5. С. 34–36.

Киселев Александр, митрофорный протоиерей. Чудотворные иконы Божией Матери в русской истории. Издано Комитетом Русской Православной Молодежи, находящимся под Высоким Покровительством Первоиерарха Русской Православной Церкви Заграницей Высокопреосвященнейшего Митрополита Филарета. Нью-Йорк, 1976. — 144 с.

Ключевский В. О. Исторические портреты. Деятели исторической мысли. Издание подготовил В. А. Александров. М.: Издательство «Правда», 1990. — 624 с.

Краткий исторический очерк строительства Свято-Троицкого монастыря. Издание второе. Собрал, перепечатал и дополнил иллюстрациями архимандрит Пантелеимон. Джорданвилл, 1978. — 96 с.

Крестный путь Русской армии генерала Врангеля. Из семейного архива Апраксиных-Котляревских. Составитель и автор предисловия П. Г. Паламарчук. Рыбинск: Издательство «Рыбинское подворье», 1996. — 192 с.

Мальцев А[лексей] П[етрович], протоиерей. Православные церкви и русские учреждения за границею (Австро-Венгрия, Германия и Швеция). Издание Берлинского Св. Князь-Владимирского Братства, состоящего под Августейшим покровительством Ее Императорского Высочества Государыни Великой Княгини Марии Павловны. Берлин, 1911. — 456 с.

Материалы к житию преподобномученицы великой княгини Елизаветы. Письма, дневники, воспоминания, документы. М.: Сестричество во имя Преподобномученицы великой княгини Елизаветы, 1996. — 304 с.

Миллер Л. П. Святая мученица Российская Великая княгиня Елизавета Феодоровна. М.: Издательство «Столица», 1994. — 240 с.

Миллер Л. П. Царская Семья — жертва темной силы. Мельбурн, 1998. — 630 с.

Наумов В. М. Мои воспоминания. Сан-Франциско, 1975. — 150 с.

Нектарий (Чернобыль), архимандрит. Воспоминания // Православная Русь (Джорданвилл). 1/14 января 1999. № 1 (1622). С. 13–15.

Нектария (Мак Лиз), монахиня. Свет невечерний. Жизнь Александры Феодоровны Романовой, последней Всероссийской Императрицы. М.: Российское Отделение Валаамского Общества Америки, 1996. — 176 с.

Никитин А. К. Нацистский режим и русская православная община в Германии (1933–1945 гг.). М., 1998. — 421 с.

Орган связи идеалистов. Беседа с редактором «Русского пастыря» протоиереем Петром Перекрестовым в связи с десятилетием журнала воспитанников Свято-Троицкой Семинарии // Православная Русь (Джорданвилл). 1/14 января 1999. № 1 (1622). С. 9–12.

Покровская обитель. К 50-летию со дня основания Русского православного монастыря Покрова Пресвятой Богородицы в Бюси-ан-От (Франция). Текст составила Ирина Басова. Париж, 1996. — 44 с.

Польский М[ихаил], протопресвитер. Новые мученики российские. Первое собрание материалов. Джорданвилл: Holy Trinity Monastery, Jordanville, N. Y., 1949. Репринтное издание: М.: Товарищество «Светлячок» при участии фирмы «Алексий», б/г. Часть 1. — 288 с.

Порфирий (Успенский), епископ. Святыни земли Италийской. (Из путевых записок 1854 года.) Редактор-составитель Е. А. Лукьянов. М.: Издательство Спасо-Преображенского Валаамского Ставропигиального монастыря; Издательство «Православный паломник», 1996. — 288 с.

Редигер А. История моей жизни. Воспоминания военного министра. Том 2. М.: Канон-пресс-Ц, Кучково поле, 1999. — 528 с.

Росс Николай. Как зарождалось кладбище в Сент-Женевьев-де-Буа // Русская мысль (Париж). 12–18 июня 1997. № 4178. С. 17.

Руднев М. Православные русские церкви в Западной Европе // Тульские епархиальные ведомости. 1907. №№ 35–37.

Русская Православная Церковь Заграницей. 1918–1968. Под редакцией Гр. А. А. Соллогуб. Издательство: Русская Духовная Миссия в Иерусалиме Русской Православной Церкви Заграницей, 1968. Том I — 762 с. Том II — 1450 с. (сквозная нумерация страниц).

Святитель Иоанн (Максимович) и Русская Зарубежная Церковь. Джорданвилл: Типография преп. Иова Почаевского, Свято-Троицкий Монастырь, 1996. — 64 с.

Святитель Русского Зарубежья вселенский чудотворец Иоанн. Составители Андрей Леднёв, Евгений Лукьянов. М.: Издательство «Православный паломник», 1998. — 704 с.

Свято-Богородицкий Леснинский монастырь. (В основу этого издания легла книга «Лесна — Хопово — Фуркё», 1962 г. Вл. Маевского.) Мадрид, 1973. — 194 с.

Серафим, архиепископ. Одигитрия Русского Зарубежья. Повествование о Курской Чудотворной Иконе Знамения Божией Матери и о дивных чудесах Ее. Второе издание, значительно дополненное. Новая Коренная Пустынь, 1963. — 174 с.

Смирнова Наталия. Достопримечательные русские храмы и кладбища. Париж: Архиепископия Православных Русских Церквей в Западной Европе, 1999. — 232 с.

Собор во имя Св. Николая в Бари. Краткий историко-художественный путеводитель. Составил от. Gerardo Cioffari. Издано общиной ордена доминиканцев храма Св. Николая в Бари. Второе издание, с сотрудничеством Анатолия Грицкива. Б/г. — 68 с.

Соловьев С. М. Чтения и рассказы по истории России. М.: Издательство «Правда», 1989. — 768 с.

Суслов П. А. † Иерей Григорий Джу // Православная Русь (Джорданвилл). 1/14 декабря 2000. № 23 (1668). С. 10–11.

Талалай М. Г. О русских церквях в Италии // Россия и Италия. Вып. 2. М., 1995. С. 70–83.

Талалай М. Г. Петроград и Барград // Труды Государственного музея истории Санкт-Петербурга. Вып. 3. СПб., 1998. С. 120–129.

Талалай М. Г. Православная русская церковь во Флоренции. Второе издание. Флоренция, 2000. — 48 с.

Талалай М. Г. Православная русская церковь св. Николая Чудотворца в Бари // Nicolaus. Studi storici (Bari). A. XII. Fasc. 1. 2001. P. 149–176.

Талалай М. Г. Русская церковь во Флоренции как «петербургский памятник» // Невский архив. № 2. СПб., 1995. С. 447–453.

Талалай М. Г. Русская церковь в С.-Ремо. Сан-Ремо, 1994. — 24 с.

Тальберг Н. Д. Православное храмоздание Императорской России в Европе. (Исторический очерк) // Православный путь (Джорданвилл), 1958. С. 137–163.

Триста лет царствования Дома Романовых. М.: Ассоциация «Информ — ЭКО», 1990. — 174 с.

Узники Бизерты: документальные повести о жизни русских моряков в Африке в 1920–25 гг. М.: Российское отделение Ордена св. Константина Великого при участии журнала «Наше наследие», 1998. — 273 с.

Храм Свят. Николая в Бари. Сообщение канцелярии Епископа Амвросия Вевейского // Православная Русь (Джорданвилл). 1/14 февраля 2000. № 3 (1648). С. 2–3.

Черкасов-Георгиевский В. Г. Москва: религиозные центры и общины. М.: Профиздат, 1992. — 112 с.

Черкасов-Георгиевский В. Г. Генерал Деникин. Смоленск: Русич, 1999. — 576 с.

Черкасов-Георгиевский В. Г. Вожди Белых армий. Смоленск: Русич, 2000. — 512 с.

Шавельский Георгий, протопресвитер. Воспоминания последнего протопресвитера Русской Армии и Флота. М.: Крутицкое патриаршее подворье, 1996. Том 1. — 416 с.

Ширинская А. А. Бизерта. Последняя стоянка. М.: Воениздат, 1999. — 247 с.

Шмеман Александр, протоиерей. Исторический путь православия. Париж: Ymca-Press, 1985. — 390 с.

Holy Trinity Monastery. Jordanville, N. Y., 1996. — 34 p.

СОДЕРЖАНИЕ

Владимир Черкасов-Георгиевский
Русский храм на чужбине

Под общей редакцией
Евгения Лукьянова

Обложка:
Елена Калинина

Верстка:
Дмитрий Зимин

Помимо указанных фотографий на цветной вклейке,
иллюстрации на страницах: 4, 6, 12, 18, 36, 38, 44, 47, 49, 52–54,
57, 61, 63, 77, 81, 86, 91, 92, 95, 103, 105, 108, 110, 112, 115
напечатаны со слайдов, любезно предоставленных
Святославом Николаевичем Забелиным

ЛР 066242 от 25.12.98. Издательство «Паломникъ».
Подписано в печать 25.07.2003. Формат 60x84$^1/_{16}$.
Печать офсетная. Бумага офсетная. Гарнитура Петербург.
Объем 18 п. л., усл. п. л. 16,74. Тираж 3 000 экз. Заказ 34384

Адрес издательства «Паломникъ»: 103030, Москва, Сущевская, 21.
http://www.palomnic.ru , e-mail: palomnic@mail.ru
Магазин издательства: Москва, ул. Бахрушина, 28.

Отпечатано с диапозитивов в ОАО «Молодая гвардия».
Адрес типографии: 103030, Москва, Сущевская, 21.